JN424217

신나라 부경 한국어

채영희 지음

02

Mongolian

신나라 부경 한국어

여는 글

부경대학교 언어교육원이 한국어 교육을 시작한 지 올해가 10년이 되는 해입니다. 대마도 고등학교 학생들이 부경대학교에 입학하면서 한국어 교육을 시작하게 된 그날의 기억이 새롭습니다. 집안에 가보로 간직한 한국어 문서를 자기 목소리로 읽고 싶다고 하시던 일본 할아버지도 기억납니다. 그분들의 새로운 언어를 배우고자 하던 열정이 한국어를 더 많이 가르쳐 드리고 싶다는 열정에 뒤질까 노심초사 하던 시간들이 오늘까지 이어지고 있습니다.

한국의 위상이 높아짐에 따라 한국어를 배우고자 하는 열기는 이제 아시아를 넘어 세계로 향하고 있습니다. 한국어를 가르치는 일을 하면서 항상 느끼는 것은 한글에 대한 자부심입니다. 온 세계에 가장 자랑하고 싶은 한글을 세계인에게 알리는 최전선에 있다는 사실이 우리 한국어 선생님들의 자랑입니다. 한글 창제의 과학적 원리와 아름다운 조형성을 생각하면 한글을 창제하신 세종대왕의 백성 사랑하신 마음이 전해져 옵니다. 또한 어려운 시절 우리말과 글, 그리고 얼을 목숨을 다해 지켜내신 선각자 여러분들의 애틋한 마음도 함께 합니다.

지금 부경대학교에는 50여 나라에서 온, 천여 명의 유학생이 자신의 미래를 위한 준비를 열심히 하고 있습니다. 이들에게 도움을 주고자 초급 부경 한국어는 현재 14개국의 언어로 만들었습니다. 초급의 경우는 모국어의 도움이 필요하다고 생각되어 한국어와 각 나라의 언어로 만들었습니다. 이 과정에서 많은 유학생과 한국어 선생님들의 도움이 있었습니다. 도움을 주신 분들께 깊이 감사드립니다.

각 과는 준비단계에 그림을 통해 어휘를 쉽게 익히도록 배려하였으며, 역할극을 통해 언어기능에 중점을 둔 학습활동을 하도록 하였습니다. 그리고 각 과의 목표문법을 익힌 다음 확인 학습을 통해 배운 내용을 완전히 익히도록 하였습니다. 덤으로 문화에 대한 내용을 덧붙여 한국에 대한 흥미를 지니도록 구성하였습니다.

이 책이 세상에 나오도록 정성을 다해 도와준 분들이 많이 있습니다. 표지를 멋지게 디자인해 주신 디자인학과의 홍동식 교수님, 부드러운 목소리로 한국어의 아름다움을 세상에 알리는데 기꺼운 마음으로 도와주신 선호제님과 김새해님, 따뜻한 그림으로 책을 멋지게 만들어 주신 하늘기획 여러분, 그리고 책을 출판할 수 있도록 재정적 지원을 해주신 부경대학교 교육역량 사업단과 이 번거로운 일을 마다하지 않고 도와준 홍보협력과 여러분과 편집위원 여러분께 깊은 감사를 드립니다.

부경대학교 한국어 책임교수 _ 재 영 희

일러두기

1 준비단계 : 어휘 익히기

각 과에서 학습해야 할 어휘 목록을
품사 별로 정리한 것이다.
각 단어의 발음은 부경대학교 언어교육원
홈페이지에서 들을 수 있다.

• 각 과의 내용 이해를 돕는 주요
어휘를 그림으로 학습한다.

2 말하기 : 역할극 하기

특정 상황의 대화를 익히고 응용할 수 있다.
대화내용은 부경대학교 언어교육원 홈페이지
에서 들을 수 있다.

• 대화에 나온 어휘와 표현을 정리하여 학습자
의 이해를 돕는다.

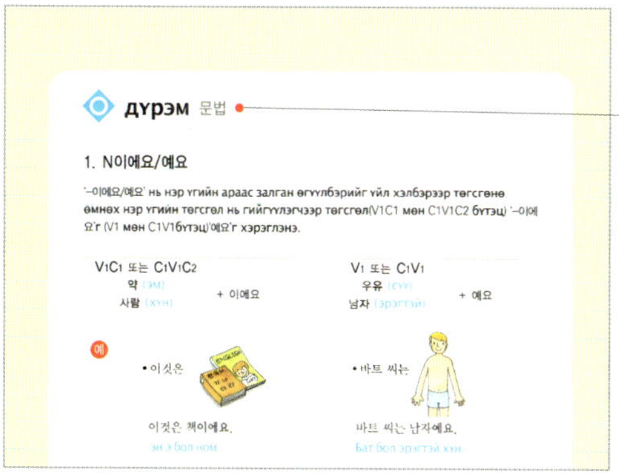

ДҮРЭМ 문법

1. N이에요/예요

'–이에요/예요' нь нэр үгийн араас залган өгүүлбэрийг үйл хэлбэрээр төгсгөнө өмнөх нэр үгийн төгсгөл нь гийгүүлэгчээр төгсгөл(V1C1 мөн C1V1C2 бүтэц) '–이에요'г (V1 мөн C1V1бүтэц)'예요'г хэрэглэнэ.

V_1C_1 또는 $C_1V_1C_2$		V_1 또는 C_1V_1	
약 (эм) 사람 (хүн)	+ 이에요	우유 (сүү) 남자 (эрэгтэй)	+ 예요

예

• 이것은 → 이것은 책이에요.

• 바트 씨는 → 바트 씨는 남자예요.

3 목표 문법 제시 : 문법 익히고 활용하기

• 다양한 활동을 통해 문법을 학습한다.

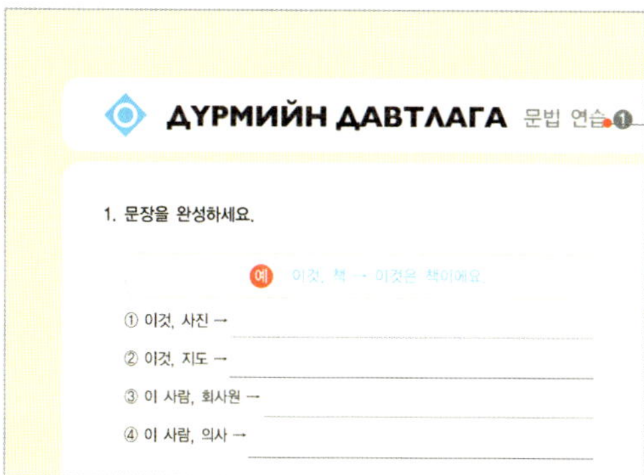

ДҮРМИЙН ДАВТЛАГА 문법 연습 1

1. 문장을 완성하세요.

예 이것, 책 → 이것은 책이에요.

① 이것, 사진 → ______

② 이것, 지도 → ______

③ 이 사람, 회사원 → ______

④ 이 사람, 의사 → ______

4 확인 학습 : 문법

• 학습 문법을 이용해 다양한 의사소통 활동을 유도한다.

ШИНЭ ҮГ & ДҮРСЛЭЛ 어휘 & 표현 1

1. 【보기】에서 그림에 알맞은 단어를 찾아 쓰세요.

5 확인 학습 : 어휘와 표현

• 학습 어휘를 이용해 주제와 관계 있는 이야기를 구성해 본다.

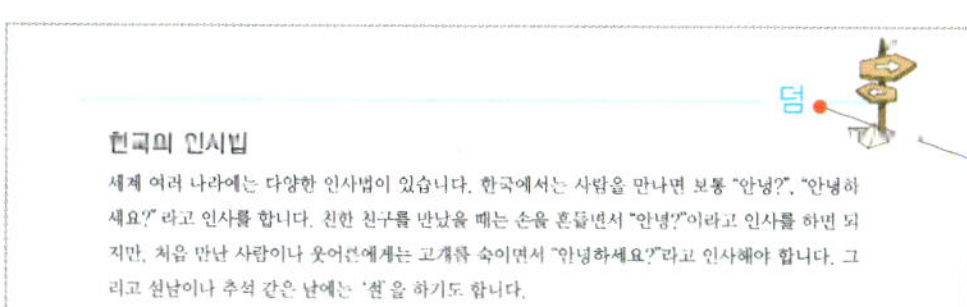

덤

한국의 인사법

세계 여러 나라에는 다양한 인사법이 있습니다. 한국에서는 사람을 만나면 보통 "안녕?", "안녕하세요?" 라고 인사를 합니다. 친한 친구를 만났을 때는 손을 흔들면서 "안녕?"이라고 인사를 하면 되지만, 처음 만난 사람이나 웃어른에게는 고개를 숙이면서 "안녕하세요?"라고 인사해야 합니다. 그리고 설날이나 추석 같은 날에는 '절'을 하기도 합니다.

6 문화 알기

• 한국의 문화를 소개하여 학생들에게 한국어에 대한 흥미를 가지도록 한다.

차례 Дараалал

[Лавлах] Энэ номонд дүрмээ тайлбарлахдаа N, V, A хэмээн тус бүр НЭР ҮГ, ҮЙЛ ҮГ, ТЭМДЭГ НЭР гэсэн утгаар тухайн дүрмийг онцгой нэр томъёололоор хэрэглэв.

N : НЭР ҮГ 명사 | V : ҮЙЛ ҮГ 동사 | A : ТЭМДЭГ НЭР 형용사

한글 Korean Alphabets

1 모음 | Эгшиг

글자	발음	글자	발음	글자	발음
ㅏ	a [a]	ㅠ	yu [ju]	ㅘ	wa [wa]
ㅑ	ya [ja]	ㅡ	eu [ɨ]	ㅙ	wae [wæ]
ㅓ	eo [ə]	ㅣ	i [i]	ㅚ	oe [ö/we]
ㅕ	yeo [jə]	ㅐ	ae [æ]	ㅝ	wo [wə]
ㅗ	o [o]	ㅒ	yae [jæ]	ㅞ	we [we]
ㅛ	yo [jo]	ㅔ	e [e]	ㅟ	wi [ü/wi]
ㅜ	u [u]	ㅖ	ye [je]	ㅢ	ui [iɨ]

2 자음 | Гийгүүлэгч

글자	이름	발음	글자	이름	발음
ㄱ	기역	g,k [k]	ㅋ	키읔	k [kʰ]
ㄴ	니은	n [n]	ㅌ	티읕	t [tʰ]
ㄷ	디귿	d,t [t]	ㅍ	피읖	p [pʰ]
ㄹ	리을	r,l [r,l]	ㅎ	히읗	h [h]
ㅁ	미음	m [m]	ㄲ	쌍기역	kk [k']
ㅂ	비읍	b,p [p]	ㄸ	쌍디귿	tt [t']
ㅅ	시옷	s [s]	ㅃ	쌍비읍	pp [p']
ㅇ	이응	ng [ŋ]	ㅆ	쌍시옷	ss [s']
ㅈ	지읒	j [ts]	ㅉ	쌍지읒	jj [ts']
ㅊ	치읓	ch [tsʰ]			

* 연습

	ㅏ	ㅓ	ㅗ	ㅜ	ㅡ	ㅣ	ㅐ	ㅔ	ㅚ	ㅟ
ㄱ	가	거	고	구	그	기	개	게	괴	귀
ㄴ	나	너	노	누	느	니	내	네	뇌	뉘
ㄷ	다	더	도	두	드	디	대	데	되	뒤
ㄹ	라	러	로	루	르	리	래	레	뢰	뤼
ㅁ	마	머	모	무	므	미	매	메	뫼	뮈
ㅂ	바	버	보	부	브	비	배	베	뵈	뷔
ㅅ	사	서	소	수	스	시	새	세	쇠	쉬
ㅇ	아	어	오	우	으	이	애	에	외	위
ㅈ	자	저	조	주	즈	지	재	제	죄	쥐
ㅊ	차	처	초	추	츠	치	채	체	최	취
ㅋ	카	커	코	쿠	크	키	캐	케	쾨	퀴
ㅌ	타	터	토	투	트	티	태	테	퇴	튀
ㅍ	파	퍼	포	푸	프	피	패	페	푀	퓌
ㅎ	하	허	호	후	흐	히	해	헤	회	휘
ㄲ	까	꺼	꼬	꾸	끄	끼	깨	께	꾀	뀌
ㄸ	따	떠	또	뚜	뜨	띠	때	떼	뙤	뛰
ㅃ	빠	뻐	뽀	뿌	쁘	삐	빼	뻬	뾔	쀠
ㅆ	싸	써	쏘	쑤	쓰	씨	쌔	쎄	쐬	쒸
ㅉ	짜	쩌	쪼	쭈	쯔	찌	째	쩨	쬐	쮜

3 받침 | Дэвсгэр үсэг

Гийгүүлэгч дуудлагын төгсгөлд орж байгаа үсэг дэвсгэрт байрлах үсгийг дэвсгэр үсэг гэнэ. Бүх гийгүүлэгч нь дэвсгэр үсгээр хэрэглэгдэх боловч дэвсгэр үсгийн дуудлага нь ‘ㄱ, ㄴ, ㄷ, ㄹ, ㅁ, ㅂ, ㅇ’ гэсэн 7 ширхэг авиаг гаргана.

글자	발음	예
ㄱ, ㄲ, ㅋ	k	국, 밖, 부엌
ㄴ	n	산
ㄷ, ㅅ, ㅆ, ㅈ, ㅊ, ㅌ, ㅎ	t	닫다, 옷, 갔다, 낮, 꽃, 밭, 히읗
ㄹ	l	달
ㅁ	m	몸
ㅂ, ㅍ	p	집, 잎
ㅇ	ng	방

4 한국어 글자의 구조

1. V1 бүтэц : Эгшигээр эхэлсэн үсэг

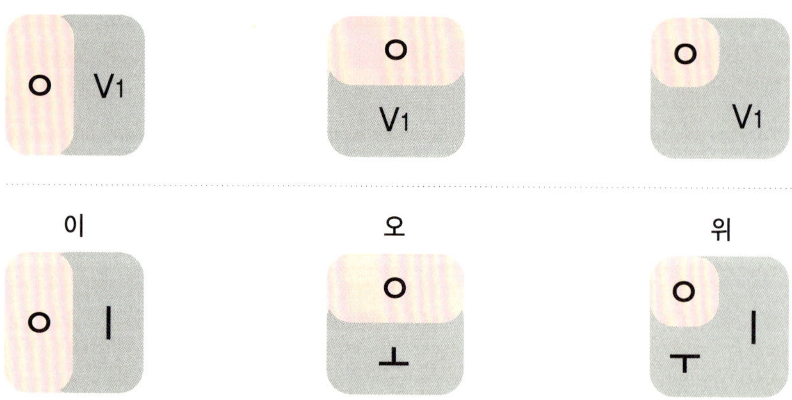

2. V1C1 бүтэц

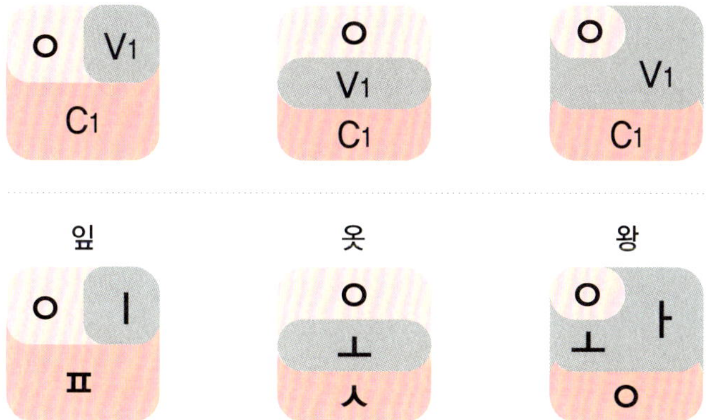

3. C1V1 бүтэц

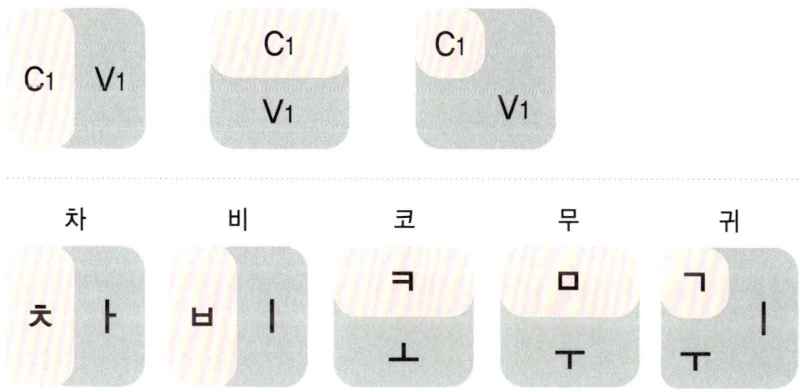

4. C1V1C2 бүтэц

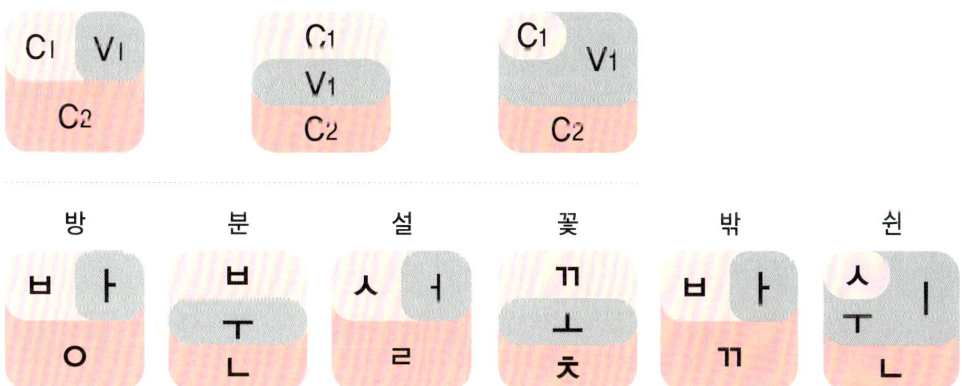

Өөрийгөө танилцуулах

제1과 소개하기

зураг толь 그림사전

명사	нэр үг
국적	иргэний харъяалал
나라	улс
남자	эрэгтэй
몽골	монгол
번호	дугаар
사람	хүн
사진	зураг
선생님	багш
세계	дэлхий
여권	гадаад паспорт
여자	эмэгтэй
의사	эмч
이름	нэр
지도	газрын зураг
직업	мэргэжил
책	ном
친구	найз
학교	сургууль
학생	сурагч
한국	Солонгос
회사원	компани ажилтан

동사	үйл үг
소개하다	танилцах
인사하다	мэндчлэх

기타	бусад
~이다	нэр үгээр өгүүлбэр төгсгөх нөхцөл

인사하다

소개하다

дэлхийн газрын зураг 세계지도

гадаад паспорт 여권

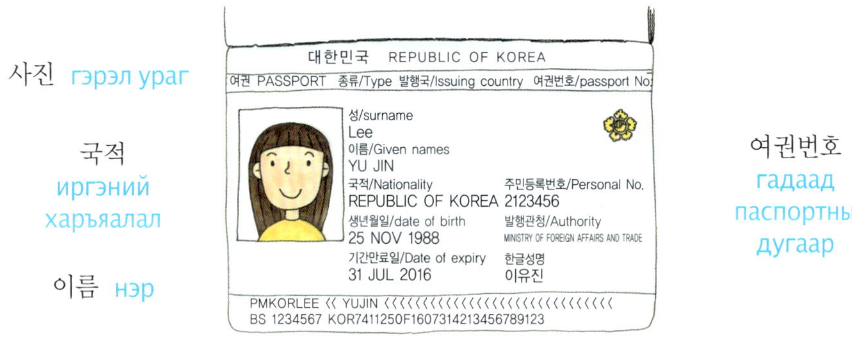

мэргэжил 직업

선생님
багш

학생
сурагч

회사원
компани ажилтан

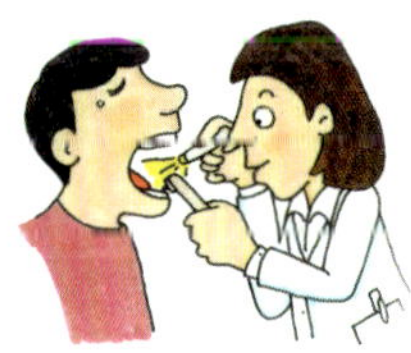

의사
эмч

ХАРИЛЦАН ЯРИА 대화

안녕하세요? 제 이름은 바트예요. Сайн байна уу? Миний нэрийг Бат гэдэг.

유진: 안녕하세요? 저는 유진이에요.

Сайн байна уу? Намайг Юужинь гэдэг.

이름이 뭐예요? Таныг хэн гэдэг вэ?

바트: 안녕하세요? 제 이름은 바트예요.

Сайн байна уу? Миний нэрийг Бат гэдэг.

유진: 바트 씨는 어디에서 왔어요?

Бат чи хаанаас ирсэн бэ?

바트: 몽골에서 왔어요. Монголоос ирсэн.

유진: 지금 어디에 살아요? Одоо хаана амьдарч байгаа вэ?

바트: 기숙사에 살아요. Оюутны байранд амьдарч байгаа.

유진: 만나서 반가워요. Уулзсандаа баяртай байна.

바트: 저도 만나서 반가워요. Би ч бас уулзсандаа баяртай байна.

어휘 및 표현

저	би	지금	одоо
이름	нэр	기숙사	оюутны байр
뭐(=무엇)	юу	안녕하세요?	сайн байна уу?
~씨	Mr. Mrs. Miss. ~	N에서 왔어요.	N аас4 ирсэн
어디	хаана	N에 살아요.	Nд амьдарч байгаа
몽골	монгол	만나서 반가워요.	Уулзсандаа баяртай байна

덤

한국의 인사법

세계 여러 나라에는 다양한 인사법이 있습니다. 한국에서는 사람을 만나면 보통 "안녕?", "안녕하세요?" 라고 인사를 합니다. 친한 친구를 만났을 때는 손을 흔들면서 "안녕?"이라고 인사를 하면 되지만, 처음 만난 사람이나 웃어른에게는 고개를 숙이면서 "안녕하세요?"라고 인사해야 합니다. 그리고 설날이나 추석 같은 날에는 절을 하기도 합니다.

ДҮРЭМ 문법

1. N이에요/예요

'–이에요/예요' нь нэр үгийн араас залган өгүүлбэрийг үйл хэлбэрээр төгсгөнө. өмнөх нэр үгийн төгсгөл нь гийгүүлэгчээр төгсгөл(V1C1 мөн C1V1C2 бүтэц) '–이에요' г (V1 мөн C1V1бүтэц) '–예요' г хэрэглэнэ.

V_1C_1 또는 $C_1V_1C_2$	
약 (эм) 사람 (хүн)	+ 이에요

V_1 또는 C_1V_1	
우유 (сүү) 남자 (эрэгтэй)	+ 예요

예

• 이것은

이것은 책이에요.
эн э бол ном

• 바트 씨는

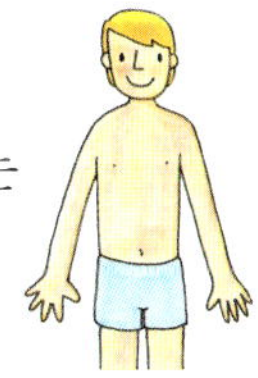

바트 씨는 남자예요.
Бат бол эрэгтэй хүн.

2. N이/가 아니에요

'N이에요/예요' хэлбэр 'N이/가 아니에요' юм. өмнөх нэр үгийн төгсгөл (V1C1 мөн C1V1C2) нь гийгүүлэгчээр төгсвөл нь эгшгээр төгсвөл (V1 юмуу эсвэл C1V1) г хэрэглэнэ.

V_1C_1 또는 $C_1V_1C_2$	
학생 (сурагч) 교실 (анги)	+ 이 아니에요

V_1 또는 C_1V_1	
아이 (хүүхэд) 친구 (найз)	+ 가 아니에요

예

• 유진 씨는

유진 씨는 선생님이 아니에요.
Юүжинь багш биш.

유진 씨는 학생이에요.
Юүжинь бол сурагч .

• 여기는

여기는 학교가 아니에요.
Энд сургууль байдаггүй.

여기는 은행이에요.
энд банк байдаг.

ДҮРМИЙН ДАВТЛАГА 문법 연습 ❶

1. 문장을 완성하세요.

예 이것, 책 → 이것은 책이에요.

① 이것, 사진 → ______________________

② 이것, 지도 → ______________________

③ 이 사람, 회사원 → ______________________

④ 이 사람, 의사 → ______________________

2. 문장을 완성하세요.

예 여기, 학교 → 여기는 학교가 아니에요.

① 그것, 책상 → ______________________

② 그것, 의자 → ______________________

③ 그 사람, 학생 → ______________________

④ 그 사람, 친구 → ______________________

3. 대화를 완성하세요.

예

가. 유진 씨는 미국 사람이에요?

나. 아니요, 미국 사람이 아니에요.

한국 사람이에요.

① 가. 바트 씨는 의사예요?

나. 아니요, ______________________

____

② 가. 마이클 씨는 선생님이에요?

나. 아니요, ______________________

____

ШИНЭ ҮГ & ДҮРСЛЭЛ 어휘 & 표현 ❶

1. 【보기】에서 그림에 알맞은 단어를 찾아 쓰세요.

보기 여권, 지도, 책, 은행

①

은행 ____________

②

____

③

____

④

____

2. 【보기】에서 알맞은 표현을 골라 쓰세요.

보기 만나서 반가워요, 이름이 뭐예요?, 어디에 살아요?, 어디에서 왔어요?

유진 : 안녕하세요? 저는 유진이에요. ① ____________________

바트 : 안녕하세요? 제 이름은 바트예요.

유진 : 바트 씨는 ② ____________________

바트 : 몽골에서 왔어요.

유진 : ③ ____________________

바트 : 기숙사에 살아요.

유진 : ④ ____________________

Олон янзын эд зүйлс

제2과 여러 가지 사물

зурагт толь 그림사전

명사	нэр үг
공책	дэвтэр
교실	анги
교통카드	унаны карт
그것	энэ зүйл
눈	нүд
다리	хөл
돈	мөнгө
머리	толгой
머리카락	үс
무릎	өвдөг
문	хаалга
방	өрөө
소지품	ахуйн эд зүйл
손	гар
신체	бие
열쇠	түлхүүр
은행카드	банкны карт
이것	this /this thing
입	ам
저것	тэр зүйл
전자사전	элелктрон толь
지갑	түрүүвч
창문	цонх
책	ном
책상	ширээ
칠판	самбар
코	хамар
팔	гар
팔꿈치	тохой
펜	үзэг
학생증	оюутны үнэмлэх
화장품	гоо сайхны бараа
휴대폰	гар утас
휴지	нойлын цаас

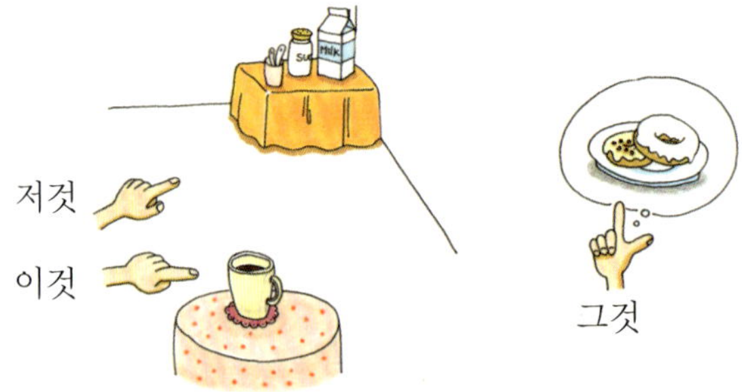

방

소지품

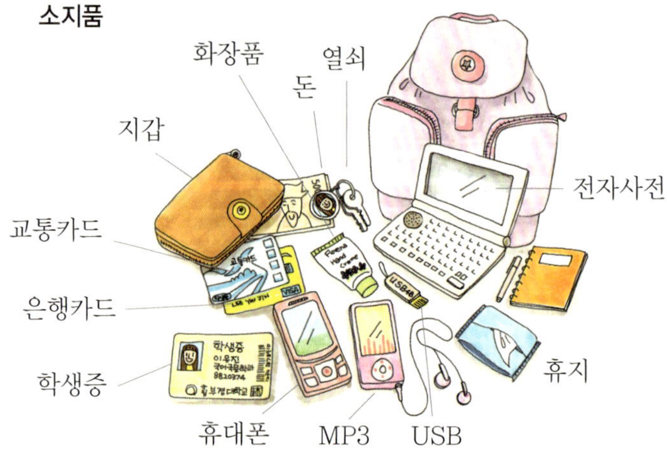

АНГИ 교실

창문
1. 모음(Vowels)
ㅏ(a) ㅑ(ja) ㅓ(a)
ㅕ(je) ㅗ(o) ㅛ(jo)
칠판
문
책
공책
펜
책상

БИЕ 몸

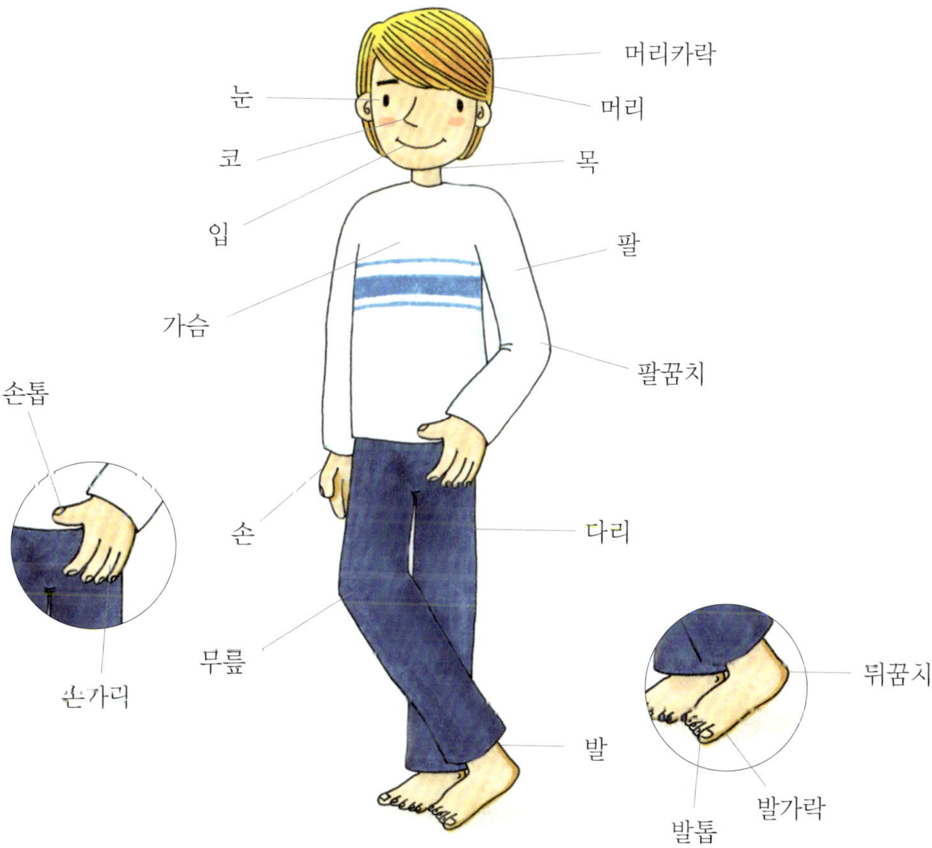
머리카락
눈
머리
코
목
입
팔
가슴
팔꿈치
손톱
손
다리
무릎
손가락
뒤꿈치
발
발가락
발톱

ХАРИЛЦАН ЯРИА 대화

이것이 뭐예요? Энэ юу вэ?

유진: 이것이 뭐예요? Энэ юу вэ?

바트: 이것은 한국어 책이에요.

Энэ бол солонгос хэлний ном.

유진: 한국어를 배워요?

Солонгос хэл сурч байгаа юм уу?

바트: 네, 한국어를 배워요.

Тийм, солонгос хэл сурч байгаа.

유진: 어디에서 한국어를 공부해요?

Хаана солонгос хэл сурч байгаа юм бэ?

바트: 부경대학교에서 한국어를 공부해요.

Пүгён их сургууль дээр хичээлэж байгаа.

어휘 및 표현

뭐(=무엇)	юу	에서	байрлал илэрэхийлсэн дагавар
한국어	солонгос хэл	공부하다	хичээллэх
네	тийм	부경대학교	Пүгён их сургууль
배우다	сурах	N에서 + V д, т	ямар нэгэн байгууламж дотор ямар нэгэн үйлийг үйлдэж байгаа тохиолдолд хэрэглэнэ
어디	хаана		

덤

준말

한국어의 '무엇'은 '뭐'로 짧게 줄여 쓸 수 있습니다. '뭐'처럼 짧게 줄여 쓴 말을 '준말'이라고 합니다. 한국어에는 '뭐' 외에도 준말이 많이 있는데, '이것이'는 '이게', '저것이'는 '저게', '그것이'는 '그게' 등으로 줄여 쓸 수 있습니다.

	+이/가	+은/는	+을/를
이것	이것이 = 이게	이것은 = 이건	이것을 = 이걸
저것	저것이 = 저게	저것은 = 저건	저것을 = 저걸
그것	그것이 = 그게	그것은 = 그건	저것은 = 저건

ДҮРЭМ 문법

1. N이/가

'–이/가' өмнөх нэр үг нь тухайн өгүүлбэрийн эзэн бие болхыг илтгэж байдаг.өмнөх нэр үг нь гийгүүлэгчээр төгсвөл(V1C1 мөн C1V1C2 бүтэц) '–이', ийг хэрэглэнэ эгшгээр төгсвөл(V1 мөн C1V1) '–가' ийг хэрэглэнэ.

V_1C_1 또는 $C_1V_1C_2$	
이것 (энэ зүйл) 선생님 (багш)	+ 이

V_1 또는 C_1V_1	
여기 (энд) 학교 (сургууль)	+ 가

예

• 이것이 책상이에요.

• 바트가 공부해요.

2. N은/는

Өмнөх нэр үг нь гийгүүлэгчээр төгсвөл(V1C1 мөн C1V1C2 бүтэц) '–은', ийг хэрэглэж эгшгээр төгсвөл(V1 мөн C1V1) '–는' ийг хэрэглэнэ.

V_1C_1 또는 $C_1V_1C_2$	
교실 (анги) 한국 (солонгос)	+ 은

V_1 또는 C_1V_1	
아버지 (аав) 친구 (найз)	+ 는

1) '–은/는' нь урьд омно нь нэг удаа ярьж байсан юмуу эсвэл өмнө нь сайн мэдэж байсан аливаа обьектын тухай ярих үед хэрэглэнэ.

예

• 옛날에 바트 씨가 살았어요. → 새로운 정보 шинэ мэдээлэл
Дээр үед Жими амьдарч байсан.

• 바트 씨는 몽골 사람이었어요. → 알고 있는 정보 өмнө нь мэдэж байсан мэдээлэл.
Жими монгол хүн байсан

예

• 바트: 여기가 어디예요?
  Энэ ямар газар вэ?

  유진: 여기는 우체국이에요.
  Энэ бол шуудангийн газар.

• 바트: 우체국이 어디예요?
  Шуудангийн газар хаана байна?

  유진: 여기가 우체국이에요.
  Шуудангийн газар хаана байна.

2) хоёр өгүүлбэрийг эсрэгцүүлэн харьцуулах үед хэрэглэнэ.

예

• 저는 키가 커요. 하지만 제 동생은 키가 작아요.
  Би өндөр харин манай дүү намхан.

• 지금 한국은 여름이에요. 하지만 호주는 겨울이에요.
  Одоо солонгост зун харин австралд өвөл.

3. N을/를

'–을/를' нь нэр үгэнд залган тухайн нэр үгийнхээ үйлийн зорилогыг илтгэнэ. өмнөх нэр үг нь гийгүүлэгчээр төгсвөл(V1C1 мөн C1V1C2 бүтэц) хэрэглэнэ эгшгээр төгсвөл(V1 мөн C1V1)'–가' ийг хэрэглэнэ.

V_1C_1 또는 $C_1V_1C_2$	
밥 (хоол) 신문 (сонин)	+ 을

V_1 또는 C_1V_1	
커피 (кофе) 노래 (дуу)	+ 를

예

• 바트 씨가 밥을 먹어요. Бат хоол идэж байна.

• 어머니가 커피를 마셔요. Ээж кофе ууж байна.

УНШЛАГА 일기

2010년 9월 1일 수요일 날씨: 맑음 ☼

오늘은 학교에 가요.

한국어 수업이 있어요.

한국어 선생님하고 친구들을 만나요.

한국어 선생님은 친절해요.

우리 반 친구들은 한국어 공부를 열심히 해요.

한국어 공부가 아주 재미있어요.

ДҮРМИЙН ДАВТЛАГА 문법 연습 ❷

1. 【보기】에서 알맞은 것을 골라 쓰세요.

보기 이/가, 을/를, 은/는

① 저(는) 학생이에요.

② 아니요, 지도(　　) 아니에요.

③ 바트 씨는 한국어(　　) 공부해요.

④ 제 이름(　　) 유진이에요.

⑤ 어머니가 밥(　　) 먹어요.

2. 그림을 보고 '이것', '그것', '저것'을 넣어 대화를 완성하세요.

① 바트 : 이것이 책이에요?

유진 : 네, 책이에요.

② 바트 : ________ 컴퓨터예요?

유진 : 네, 컴퓨터예요.

③ 바트 : ________ 전자사전이에요?

유진 : 네, 전자사전이에요.

④ 바트 : ________ 화장품이에요?

유진 : 네, 화장품이에요.

ШИНЭ ҮГ & ДҮРСЛЭЛ 어휘 & 표현 ❷

1. 다음 그림을 보고 단어가 그림에 있으면 ○, 없으면 ×표 하세요.

① 돈 (O)　② 책 (　)　③ 휴대폰 (　)　④ 전자사전 (　)

⑤ 교통카드 (　)　⑥ 창문 (　)　⑦ 휴지 (　)　⑧ 문 (　)

2. 다음 그림을 보고 신체 부분을 쓰세요.

① ________

② ________

③ ________

④ ________

⑤ ________

3. 【보기】에서 알맞은 단어를 골라 쓰세요.

보기　뭐, 어디

① 가 : ______에서 한국어를 공부해요?
　나 : 부경대학교에서 한국어를 공부해요.

② 가 : 이것이 ______예요?
　나 : 그것은 책이에요.

сургуулын амьдрал

제3과 학교생활

зурагт толь бичиг 그림사전

명사 **нэр үг**

공부	хичээл
공항	нисэх онгоцны буудал
교실	анги
도서관	номын сан
동아리	Дугуйлан
백화점	их дэлгүүр
사무실	оффесс
성적	дүн
성적표	дүнгийн хүснэгт
수강신청	лекцэнд суух хүсэлт
수업	хичээл
숙제	даалгавар
시험	шалгалт
식당	гуанз
우체국	шуудангийн газар
은행	банк
집	гэр
학교	сурууль
학비	сургалтын төлбөр
학생증	оюутны үнэмлэх
회사	кампани

동사 **үйл үг**

가다	явах
내다	төлөх
듣다	орох
받다	авах
빌리다	зээлүүлэх
입학하다	элсэх
졸업하다	төгсөх
하다	хийх

기타 **бусад**

~에서	байрлал илэрэхийлсэн дагавар

표현 **илэрхийлэл**

시험을 치다/보다
шалгалт өгөх
동아리에 들다
Дугуйланд элсэх

학교에 가다

학비를 내다

수강신청(을) 하다

수업을 듣다

N(장소)에 가다

장소	
집	은행
학교	우체국
교실	서점
사무실	백화점
회사	공항
식당	도서관

집에 가다
гэрлүүгээ явах

은행에 가다
банк явах

교실에 가다
анги явах

식당에 가다
гуанз явах

질문하다

대답하다

공부하다

숙제하다

숙제를 내다

책을 빌리다

동아리에 들다

시험을 치다/보다

성적표를 받다

입학하다

졸업하다

학생증

ХАРИЛЦАН ЯРИА 대화

지금 어디에 가요? одоо хаашаа явж байгаа юм бэ?

유진: 바트 씨, 오늘 수업이 있어요? Батаа. чи өнөөдөр хичээлтэй юу?

바트: 아니요. 수업이 없어요. үгүй.хичээл байхгүй.

유진: 그러면 지금 어디에 가요? тэгвэл одоо хаашаа явж байгаа юм вэ?

바트: 도서관에 가요. номын сан явж байна.

유진: 도서관에서 무엇을 해요?

номын санд юу хийх вэ ?

바트: 도서관에서 숙제를 해요.

номын санд хичээлээ хийнэ.

유진 씨는 어디에 가요?

Юүжинь чи хаашаа явж байгаа юм бэ?

유진: 저는 영화관에 가요. 친구하고 약속이 있어요.

би кино театеруруу явж байна. найзтайгаа цаг тохирсон юм.

어휘 및 표현

오늘	өнөөдөр	그러면	тэгвэл
수업	хичээл	가다	явах
있다	байгаа	무엇	юу
없다	байхгүй	약속	болзоо / цаг тохирох

덤

영화표 예매 사이트

영화관에 가기 전에 미리 인터넷으로 영화표를 예매하면 편리합니다. 다음은 영화표를 예매할 수 있는 영화관 홈페이지입니다. 아래의 사이트에서 최신 개봉작과 영화 상영시간표를 확인하고, 영화표도 예매해 보세요.

http://www.cgv.co.kr CGV
http://www.cinus.co.kr 씨너스
http://www.primuscinema.com 프리머스 시네마
http://www.megabox.co.kr 메가박스
http://www.lottecinema.co.kr 롯데시네마

ДҮРЭМ 문법

1. V · A아요/어요/여요

'–아요/어요/여요' нь үйл үг болон тэмдэг нэрийн язгуур (үгийн үндэс) дээр залган энгийн өгүүлбэр бүтээдэг. үйл үг болон тэмдэг нэрийн язгуур (үгийн үндэс) дээр 'ㅏ, ㅗ' байвал '–아요' ийг 'ㅏ, ㅗ', гээнэ. харин бусад эгшиг байгаа тохиолдолд '–어요' г үйл үгээр төгссөн тохиолдолд '–여요' г хэргэлэдэг.

ㅗ, ㅏ	가다	가/+ 아요	→	가요
	오다	오/+ 아요	→	와요
	앉다	앉/+ 아요	→	앉아요
ㅗ, ㅏ 제외한 모음 (ㅜ, ㅓ, ㅡ, ㅣ…)	먹다	먹/ + 어요	→	먹어요
	웃다	웃/ + 어요	→	웃어요
	배우다	배우/ + 어요	→	배워요
	마시다	마시/ + 어요	→	마셔요
'하다' 동사	공부하다	공부하/ + 여요	→	공부해요
	사랑하다	사랑하/ + 여요	→	사랑해요
	좋아하다	좋아하/ + 여요	→	좋아해요

[анхарах зүйлс]

солонгос хэлний үйл үгийн төгсгөх нөхцөл нь дүрмийн ба дүрмийн бус гэж хуваагддаг. энэ номонд гол төлөв өдөр тутмын амьдралд хэрэглэддэг дүрмийн бус хэлбэрийг ашигласан болно.

албан ёсны нөхцөлд дүрмийн хэлбэр болох '–습니다/ㅂ니다' г хэргэлэнэ.

үйл үг болон тэмдэг нэрийн язгуур (үгийн үндэс)нь гийгүүлэгчээр төгсвөл (V1C1 мөн C1V1C2 бүтэц) '–습니다' г хэрэглэнэ харин эгшгээр төгсвөл(V1 мөн C1V1) '–ㅂ니다'г хэрэглэнэ

V_1C_1 또는 $C_1V_1C_2$	먹다	먹/ + 습니다	→	먹습니다
	없다	없/ + 습니다	→	없습니다
V_1 또는 C_1V_1	오다	오/ + ㅂ니다	→	옵니다
	크다	크/ + ㅂ니다	→	큽니다

2. V · A아요/어요/여요?

'–아요/어요/여요.' ийн араас асуултын тэмдэгийг(?)хэрэглэж төгсгөлийг нь бага зэрэг өргөж дуудснаар асуух өгүүлбэр болдог.

동사 (үйл үг)	평서문 (идвэхтэй өгүүлбэр)	의문문 (үгүйсгэх өгүүлбэр)
가다	가요.	가요?
먹다	먹어요.	먹어요?
좋아하다	좋아해요.	좋아해요?

3. 안 V · A아요/어요/여요

'–어요/아요/여요 үгүйсгэх хэлбэр нь '안 V·A아요/어요/여요' юм.
зөвхөн 'N+하다' элбэрийн агуйлж буй үйл үг,орсон тохиолдолд үгүйсгэх хэлбэр нь 'N 안 해요' г хэрэглэнэ.

동사 (үйл үг)	긍정문 (идвэхтэй өгүүлбэр)	부정문 (үгүйсгэх өгүүлбэр)
가다 явах	가요	안 가요
먹다 идэх	먹어요	안 먹어요
좋아하다 дуртай	좋아해요	안 좋아해요
※공부하다 хичээллэх	공부해요	공부 안 해요
※운동하다 дасхал хийх	운동해요	운동 안 해요

예

• 밥을 먹어요?
хоол идэж байгаа юм уу

네. 밥을 먹어요.
тийм. хоол идэж байна.

아니요. 밥을 안 먹어요.
үгүй.хоол идээгүй.

• 한국 친구가 있어요?
солонгос найз байгаа юу?

네. 있어요.
тийм. байгаа.

아니요. 없어요.
үгүй.байхгүй.

• 운동해요?
дасхал хийдэг үү?

네. 운동해요.
тийм.хийдэг.

아니요. 운동 안 해요.
үгүй.хийдэггүй.

УНШЛАГА 일기

2010년 9월 10일 금요일 날씨: 흐림

오늘은 숙제가 많아요.
그래서 저는 도서관에 가요.
도서관에서 숙제를 해요.
저녁에 유진 씨하고 약속이 있어요.
유진 씨는 제 한국 친구예요.
우리는 영화관에서 만나요.
같이 영화를 봐요.
영화가 정말 재미있어요.

	맑음	흐림	비	눈
날 씨				

ДҮРМИЙН ДАВТЛАГА 문법 연습 ❸

1. 다음을 바꿔 쓰세요.

① 은행에 가다 ⇨ 은행에 가요.

② 수강 신청을 하다 ⇨ ____________

③ 도서관에 오다 ⇨ ____________

④ 저는 학생이다 ⇨ ____________

⑤ 이것은 책이 아니다 ⇨ ____________

2. 다음 그림을 보고 대화를 완성하세요.

① 가 : 바트 씨가 은행에 가요?

나 : 아니요, 은행에 안 가요.

학교에 가요.

② 가 : 바트 씨가 공부해요?

나 : 아니요, ____________

____

③ 가 : 유진 씨가 입학해요?

나 : 아니요, ____________

____

④ 가 : 바트 씨가 숙제를 내요?

나 : 아니요, ____________

____

ШИНЭ ҮГ & ДҮРСЛЭЛ 어휘 & 표현 ❸

1. 관계있는 단어를 연결하세요.

① 입학을	㉠ 내다
② 학비를	㉡ 보다
③ 시험을	㉢ 들다
④ 동아리에	㉣ 하다

2. 다음 그림을 보고 빈 칸을 채우세요.

①

집

②

□ 교

③

□ 부 □

④

□ 닝

⑤

□ 행

⑥

교 □

Тоо тоолох

제4과 숫자 말하기

зурагт толь бичиг 그림사전

명사	нэр үг
~개	ширхэг
고유어	эх хэлний үг
날짜	сар өдөр
냉장고	хөргөгч
년	он
달	сар
돈	мөнгө
동물	амьтан
~마리	амьтаны ширхэг
~명	хүний ширхэг
몸무게	биеийн жин
방	өрөө
~병	шил лаазны ширхэг
~분	минут
사과	алим
숫자	тоо
~시	цагны ширхэг
시간	цаг
~원	мөнгөний нэгж
~월	сар
음료수	ундаа
자동차	өдөр
~일	машин
~잔	аяганы ширхэг
종이	цаас
~층	давхарі
컴퓨터	компютор
키	өндөр
표	билет
한자어	ханз үг

돈

층

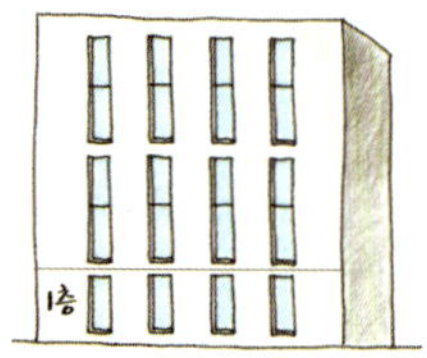

1층

방

406호

키 / 몸무게

180cm, 70kg

날짜

10월 9일

시간

2시 15분

달이름

1월	2월	3월	4월	5월	6월
일월	이월	삼월	사월	오월	유월
7월	8월	9월	10월	11월	12월
칠월	팔월	구월	시월	십일월	십이월

ханз тоо 한자어 숫자

1	2	3	4	5	6	7	8	9
일	이	삼	사	오	육	칠	팔	구
10	20	30	40	50	60	70	80	90
십	이십	삼십	사십	오십	육십	칠십	팔십	구십

100	1,000	10,000	100,000	1,000,000	10,000,000	100,000,000
백	천	만	십만	백만	천만	억

ханьгил тоо 고유어 숫자

1	2	3	4	5	6	7	8	9
하나	둘	셋	넷	다섯	여섯	일곱	여덟	아홉
10	20	30	40	50	60	70	80	90
열	스물	서른	마흔	쉰	예순	일흔	여든	아흔

※ '하나, 둘, 셋, 넷' ийг нэгж нэр үгтэйхамт хэрэглэх тохиолдолд '한, 두, 세, 네' ээр солино.
'한, 두, 세, 네'+нэгж н

사람 (хүн)

사람 / 명 분

동물 (амьтан)

마리

물건(사과, 의자…)
(эд зүйл (алим ,ном)

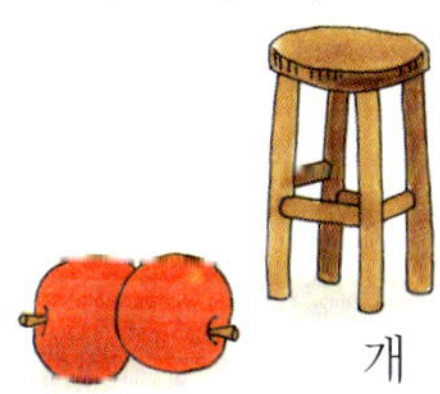

개

종이, 표, CD…
(цаас, билет, сд…)

장

자동차, 냉장고, 컴퓨터…
(машин, хөргөгч, компютер…)

대

음료수 (ундаа)

병 잔

ХАРИЛЦАН ЯРИА 대화

생일이 몇 월 며칠이에요? Төрсөн өдөр тань хэдэн сарын хэдэнд вэ?

유진: 바트 씨, 바트 씨 생일이 몇 월 며칠이에요?
Бат аа, чиний төрсөн өдөр хэдэн сарын хэдэнд вэ?

바트: 제 생일은 9월 10일이에요. миний төрсөн өдөр 9 сарийн 10нд.
유진 씨 생일은 언제예요?
Юүжинь чиний чинь төрсөн өдөр хэзээ вэ?

유진: 제 생일은 다음 주 월요일이에요.
миний төрсөн өдөр дараа долоо хоногийн Даваа гаригт болно.

바트: 생일에 무엇을 해요?
төрсөн өдрөөрөө юу хийх вэ?

유진: 생일에 친구를 초대해요.
төрсөн өдрөөрөө найзуудаа урина.
친구하고 파티를 해요. найзуудтайгаа үдэшлэг хийнэ.

어휘 및 표현

생일	төрсөн өдөр	주	7хоног
몇	хэд	월요일	1дэхь өдөр
월	сар	초대하다	урих
며칠	хэдний өдөр	파티	үдэшлэг
언제	хэзээ	N하고 + V	тайгаа4 хамт / -ний/ны хамт
다음	дараа		

덤

생일 축하 노래

한국에서는 생일 아침에 미역국을 먹습니다.

그리고 생일 파티를 할 때는 생일 축하 노래를 부르고 케이크를 먹습니다.

한국어로 생일 축하 노래를 같이 불러 볼까요?

생일 축하합니다, 생일 축하합니다, 사랑하는 OO의 생일 축하합니다. ♫

ДҮРЭМ 문법

1. 한자어 숫자 | ханз тооа

Солонгос хэлэнд ханз тоогоор сар өдөр, мөнгө, цаг минут, байшингийн давхар, анги, оффесс, дугаар номер, кг см гэх мэтэд хэрэглэдэг.

1 일	월
2 이	일
3 삼	원
4 사	분
5 오	층
6 육	호
7 칠	kg
…	cm

예
- 오늘은 11월 2일이에요. 십일 월 이 일
- 이 가방은 5만 원이에요. 오만 원
- 식당이 3층에 있어요. 삼 층

2. 고유어 숫자 | ханьгил тоо

ханьгил тоо нь хүн амьтан эд зүйлсийг тоолход олон янзын нэгж нэр үг болон нас, цаг зэрэгт хэрэглэдэг.

1 한	사람 / 명
2 두	분
3 세	마리
4 네	개
5 나섯	장
6 여섯	대
7 일곱	병
…	잔
	시

예
- 우리 반에 학생이 7명 있어요. 일곱 명
- 교실에 책상이 8개 있어요. 여덟 개
- 지금 12시예요. 열두 시

ДҮРМИЙН ДАВТЛАГА 문법 연습 ❹

1. 다음 【보기】에서 알맞은 단어를 골라 쓰세요.

보기 명, 장, 개, 마리, 대, 잔, 병

① 친구를 두 명 만나요.

② 콜라가 　　　 있어요.

③ 커피를 　　　 마셔요.

④ 사과를 　　　 먹어요.

⑤ 개가 　　　 있어요.

⑥ 컴퓨터가 　　　 있어요.

2. 다음 문장에서 밑줄 친 숫자를 한글로 쓰세요.

① 교실은 1층에 있어요. ⇨ 일
② 오늘은 10월 27일이에요. ⇨
③ 저는 키가 180cm예요. ⇨
④ 저는 몸무게가 70kg이에요. ⇨

3. 다음 문장에서 밑줄 친 숫자를 한글로 쓰세요.

① 한국 친구가 10명 있어요. ⇨ 열
② 교실에 책상이 30개 있어요. ⇨
③ CD 15장을 받아요. ⇨
④ 커피가 6잔 있어요. ⇨

ШИНЭ ҮГ & ДҮРСЛЭЛ 어휘 & 표현 ❹

1. 다음 달력을 보고 날짜를 한글로 쓰세요.

① 이천년 일월 일일이에요.

② ______________________

③ ______________________

④ ______________________

2. 다음 (　　)에 알맞은 숫자를 쓰세요.

① 오월 – (　　) – 칠월 – 팔월 – (　　) – (　　) – 십일월

② 하나 – (　　) – (　　) – 넷 – 다섯 – (　　) – 일곱 – (　　)

3. 【보기】에서 알맞은 표현을 골라 쓰세요.

보기 몇 월 며칠이에요?, 언제예요?, 무엇을 해요?

① 유진 : 바트 씨, 생일이 ______________________?

비트 : 제 생일은 12월 14일이에요.

② 비트 : 유진 씨 생일은 ______________________?

유진 : 제 생일은 다음 주 월요일이에요.

③ 바트 : 생일에 ______________________?

유진 : 생일에 친구를 초대해요. 친구하고 파티를 해요.

Нэгэн өдөр

제5과 하루 일과

зурагт толь бичиг 그림사전

명사	нэр үг
낮	өдөр
도서관	номын сан
밤	шөнө
새벽	үүр
샤워	шүршүүр
세수	алчуур
수업	хичээл
아침	өглөө
아침(밥)	өглөө(хоол)
오전	үдээс өмнө
오후	үдээс хойш
운동	дасхал
이	шүд
인터넷	интернет
잠	нойр
저녁	орой
저녁(밥)	орой(хоол)
점심	өдөр
점심(밥)	өдөр(хоол)
친구	найз
컴퓨터	компютер
텔레비전	телевиз
학교	сургууль

동사	үйл үг
끝나다	дуусах
닦다	арчих
돌아가다	буцаж ирэх
먹다	идэх
보다	үзэх
시작하다	эхлэх
일어나다	босох
자다	унтах

일어나다

세수를 하다

이를 닦다

샤워를 하다

아침/점심/저녁을 먹다

수업이 시작하다/끝나다

친구를 만나다

텔레비전을 보다

운동을 하다

인터넷을 하다

잠을 자다

цаг хэлэх 시간 말하기

		시
1	한	
2	두	
3	세	
4	네	
5	다섯	
6	여섯	
7	일곱	
8	여덟	
9	아홉	
10	열	
11	열한	
12	열두	

		분
1	한	
2	두	
3	세	
4	네	
5	다섯	
30	삼십	
56	오십육	
57	오십칠	
58	오십팔	
59	오십구	

1:00	한 시	8:41	여덟 시 사십일 분
2:15	두 시 십오 분	9:30	아홉 시 삼십 분
3:27	세 시 이십칠 분	11:59	열한 시 오십구 분
6:30	여섯 시 삼십 분 (=여섯 시 반)	12:00	열두 시

낮

밤

ХАРИЛЦАН ЯРИА 대화

바트 씨의 하루 Батын нэг өдөр

저는 어제 아침 7시에 일어났어요. Би өчигдөр өглөө 7цагт боссон.

7시에 샤워를 했어요. 그리고 8시에 아침을 먹었어요.

7 цагт шүршүүрт орсон.Тэгээд 8 цагт өглөөний цайгаа уусан.

9시에 학교에 갔어요.

9 цагт сургуульруугаа явсан.

10시부터 12시까지 한국어 수업이 있었어요.

10 цагтаас 12 цаг хүртэл солонгос хэлний хичээлдээ суусан.

12시에 식당에서 점심을 먹었어요.

12 цагт гуазанд өдөрийн хоол идсэн.

낮에 도서관에 갔어요. 도서관에서 책을 읽었어요.

өдөр нь номын сан явсан.

5시에 집에 왔어요. 집에서 저녁을 먹었어요.

5 цагт гэртээ ирсэн. гэртээ оройн хоол идсзн.

밤에 인터넷을 했어요.

숙제도 했어요.

орой нь интернетед суусан.

11시에 잠을 잤어요.

11цагт унтсан.

어휘 및 표현

보통	энгийн	읽다	унших
한국어	солонгос хэл	N(시간)에	N (цаг) т
그리고	тэгээд	N1부터 N2까지	N аас4 (тэр) хүртэл
수업	хичээл	N도	N ж / ч бас
책	ном		

ДҮРЭМ 문법

1. V · A았어요/었어요/였어요

'–았어요/었어요/였어요' нь үйл үг болон тэмдэг нэрийн язгуур (үгийн үндэс) дээр залган өнгөрсөн цагийг илтгэдэг. Үйл үг болон тэмдэг нэрийн язгуур (үгийн үндэс)нд 'ㅏ, ㅗ' байвал '–았어요' гийн гээж бусад эгшиг байх тохиолдолд '–었어요' г залгана '하다', үйл үг байх тохиолдолд '–였어요' г хэрэглэнэ.

ㅗ, ㅏ	가다	가/+ 았어요	→	갔어요
	오다	오/+ 았어요	→	왔어요
	앉다	앉/+ 았어요	→	앉았어요
ㅗ, ㅏ 제외한 모음 (ㅜ, ㅓ, ㅡ, ㅣ…)	먹다	먹/ + 었어요	→	먹었어요
	웃다	웃/ + 었어요	→	웃었어요
	배우다	배우/ + 었어요	→	배웠어요
	마시다	마시/ + 었어요	→	마셨어요
'하다' 동사	공부하다	공부하/ + 였어요	→	공부했어요
	사랑하다	사랑하/ + 였어요	→	사랑했어요
	좋아하다	좋아하/ + 였어요	→	좋아했어요

예

현재 (одоо цаг)	과거 (өнгөрсөн цаг)
오늘 비가 와요. өнөөдөр бороо орно.	어제 비가 왔어요. өчигдөр бороо орсон.
저는 학교에 가요. би сургуульруу явж байна.	저는 학교에 갔어요. би сургуульруу явсан.
바트 씨는 지금 밥을 먹어요. Бат хоол идэж байна.	바트 씨는 아까 밥을 먹었어요. Бат түрүүн хоол идсэн.
영화가 재미있어요. кино сонирхолтой байна.	영화가 재미있었어요. кино сонирхолтой байсан.
지금 숙세를 해요. одоо даалгавараа хийж байна.	어제 밤에 숙제를 했어요. өчигдөр шөнө даалгавараа хийсэн.

ДҮРМИЙН ДАВТЛАГА 문법 연습 ❺

1. 다음을 바꿔 쓰세요.

① 와요 ⇨ 왔어요.
② 공부해요 ⇨
③ 마셔요 ⇨
④ 배워요 ⇨
⑤ 먹어요 ⇨
⑥ 웃어요 ⇨

2. 그림을 보고 질문에 대답하세요.

① 가 : 어제 아침에 무엇을 했어요?
나 : 운동했어요.

② 가 : 어제 낮에 무엇을 했어요?
나 :

③ 가 : 어제 밤에 무엇을 했어요?
나 :

ШИНЭ ҮГ & ДҮРСЛЭЛ 어휘 & 표현 ❺

1. 사람들이 무엇을 해요? 【보기】에서 알맞은 단어를 골라 쓰세요.

보기			
	• 인터넷을 하다	• 운동을 하다	• 이를 닦다
	• 친구를 만나다	• 샤워를 하다	• 세수를 하다

① 운동을 하다.

②

③

④

⑤

⑥

2. 다음 그림을 보고 문장을 완성하세요.

① 9시부터 12시까지 수업을 들었어요.

② ______________________

③ ______________________

Тээврийн хэрэгсэл ашиглах нь

제6과 교통수단 이용하기

зурагт толь бичиг 그림사전

명사	нэр үг
교통카드	унааны карт
노선도	унааны маршрут
단말기	карт уншуулах машин
버스	автобус
버스정류장	автобусны буудал
벨	хонх
손잡이	бариул
요금	хураамж
자리	суудал
줄	эгнээ
지하철	метро
출구	гарц
택시비	таксины төлбөр
표	билет

동사	үйл үг
갈아타다	сольж суух
기다리다	хүлээх
나오다	гарч ирэх
내다	төлөх
내리다	буух
넣다	хийх
누르다	дарах
대다	хүрэх
서다	зогсох
세우다	зогсоох
앉다	суух
잡다	барих
타다	унаанд суух

표현	илэрхийлэл
줄을 서다	очирлон зогсох

버스를 기다리다

버스를 타다

버스 요금을 내다

교통카드를 (단말기에) 대다

손잡이를 잡다

자리에 앉다

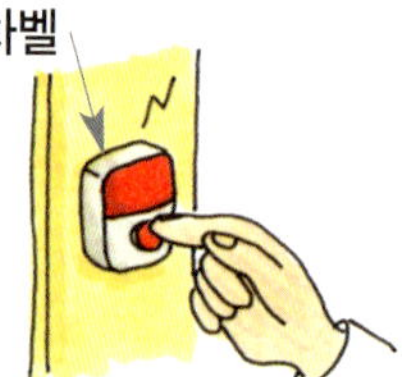

벨을 누르다

버스에서 내리다

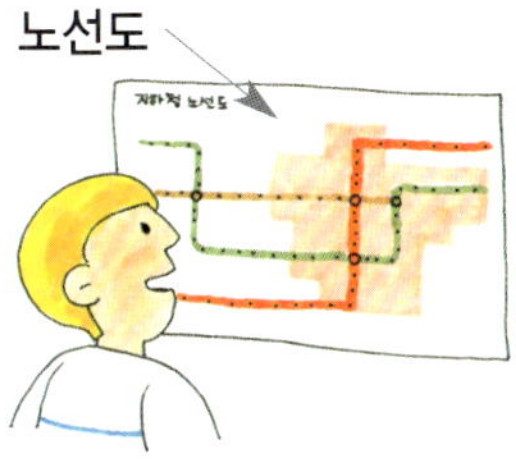

지하철 노선도를 보다

지하철 표를 넣다

줄을 서다

지하철을 타다

2호선으로 갈아타다

8번 출구로 나오다

택시를 잡다

택시를 타다

택시비를 내다

Таксинд суухад хэрэглэгдэх Үгс

таксины жолоочид очих газраа хэлэхдээ

гэж хэлнэ.

- 부경대학교에 가 주세요.
  Пүгён их сургууль уруу явна уу.

- 저기에 세워 주세요.
  тэнд зогсоод өгөөрөй

ХАРИЛЦАН ЯРИА 대화

부산역에 어떻게 가요? Пусан буудал яаж явах вэ?

바트: 부산역에 어떻게 가요?
Пусан буудал яаж явах вэ?

학생: 버스나 지하철을 타세요.
автобус юм уу эсвэл метронд суугаарай. tanah.

바트: 버스 정류장은 어디에 있어요?
автобусны буудал хаана байдаг вэ?

학생: 부경대학교 정문 앞에 있어요.
거기에서 27번 버스를 타세요.
Пүгён их сургуулийн төв хаалганы
өмнө байдаг.

바트: 시간이 얼마나 걸려요?
хэр удаан явах вэ?

학생: 25분쯤 걸려요. 25 минут орчим болно.

어휘 및 표현

부산역	Пусан будал	걸리다	Зарцуулагдах
어떻게	Яаж / хэрхэн	쯤	Орчим
정문	Том хаалга / төв хаалга	N에 어떻게 가요?	Nруу2 яаж явах вэ?
거기	Тэнд	N1(이)나 N2	N юмуу эсвэл
~번 버스	номерийн автобус	시간이 얼마나 걸려요?	Хэр их цаг зарцуулагдах бол?
얼마나	Хэчнээн / хэр (их)		

덤

대중교통 안내 사이트

요즘은 버스, 지하철 등 대중교통 정보를 제공하는 사이트가 많이 있습니다.
외출하기 전에 버스, 지하철 노선과 요금, 운행 정보를 꼭 확인해 봅시다.

http://traffic.map.naver.com/ 전국 지하철, 버스 운행 정보
http://www.websubway.co.kr/subway/default.asp?city=pusan 부산 지하철 노선도
http://bus.busan.go.kr/ 부산 버스 노선 안내

ДҮРЭМ 문법

1. V(으)세요

'-(으)세요' нь үйл үгийн араас орж харилцаж буй эсрэг этгээдийгээ үлдэлд зөвлөн тушаах үед хэрэглэнэ. өмнөх үйл үгийн язгуур (үгийн үндэс)нь гийгүүлэгчээр төгсвөл(V1C1 мөн C1V1C2 бүтэц) '-(으)세요' г эгшгээр төгсвөл(V1 мөн C1V1) '-세요' хэрэглэнэ.

V_1C_1 또는 $C_1V_1C_2$	앉다	앉/ + 으세요	→	앉으세요
	읽다	읽/ + 으세요	→	읽으세요
V_1 또는 C_1V_1	가다	가/ + 세요	→	가세요
	쓰다	쓰/ + 세요	→	쓰세요

зөвхөн дараах 2 үйл үгэн дээр өөрөөр хэрэглэгддэг.

먹다	먹/ + 으세요	→	먹으세요(X)	드세요(○)
자다	자/ + 세요	→	자세요(X)	주무세요(○)

예

• 여기에 앉으세요.
энд суугаарай.

• 안녕히 가세요.
сайн яваарай.

• 맛있게 드세요.
амтархан зооглоорой.

2. V지 마세요

'-(으) 세요' ийн үгүйсгэх хэлбэр нь '-지 마세요'. юм. харилцагч этгээдийнхээ үйпдэлд хориг тавин хүсэмжлэх эсвэл тушаахад хэрэглэнэ.

예

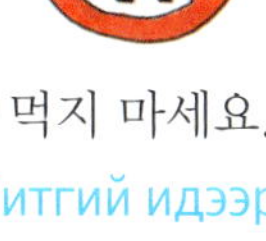

• 먹지 마세요.
битгий идээрэй.

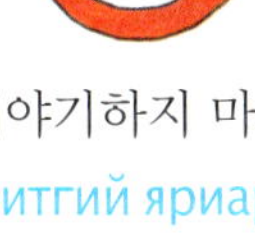

• 이야기하지 마세요.
Јбитгий яриарай

• 담배를 피우지 마세요.
тамхи бүү татаарай

ДҮРМИЙН ДАВТЛАГА 문법 연습 ❻

1. 다음을 바꿔 쓰세요.

① 오다 ⇨ 오세요.
② 기다리다 ⇨
③ 타다 ⇨
④ 앉다 ⇨
⑤ 잡다 ⇨

2. 다음을 바꿔 쓰세요.

① 오다 ⇨ 오지 마세요.
② 기다리다 ⇨
③ 타다 ⇨
④ 앉다 ⇨
⑤ 잡다 ⇨

3. 선생님이 어떻게 말해요? 쓰세요.

① 듣고 따라하다 ⇨ 듣고 따라하세요.
② 읽다 ⇨
③ 쓰다(×) ⇨ 쓰지 마세요.
④ 영어로 말하다(×) ⇨
⑤ 책을 보다(×) ⇨

◈ ШИНЭ ҮГ & ДҮРСЛЭЛ 어휘 & 표현 ❻

1. 다음 그림을 보고 빈칸을 채우세요.

① 버스를 기다리다.

② 줄_ _다.

③ 버스_ _다.

④ 버스_ _ _ _다.

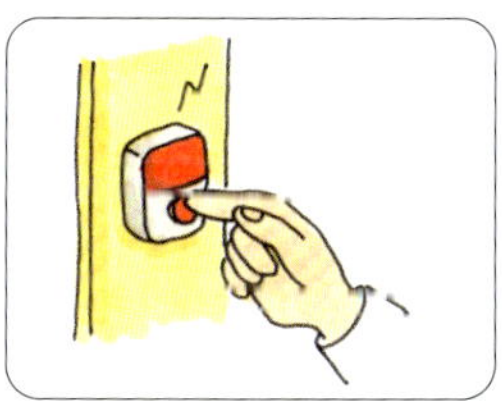

⑤ 벨_ _ _다.

утсаар ярих ба цаг болзох

제7과 전화하기 • 약속하기

зурагт толь бичиг 그림사전

명사 нэр үг

전화(기)	утас (ны аппарат)
휴대폰	гар утас
통화 중	шугам чөлөөгүй
전화번호	утасны дугаар
표	билет

동사 үйл үг

끊다	таслах
바꿔 주다	утсаа сольж өгөх
받다	авах
울리다	дугарах
정하다	тогтох / болзох
취소하다	цуцлах / болих
확인하다	шалгах

부사 дагавар

잘못	үйл үгийн өмнө орж болохгүй / чадахгүй гэсэн утгыг илтгэнэ

표현 илэрхийлэл

전화를 걸다
утсаа залгах
전화를 끊다
утсаа таслах

전화번호를 누르다

전화를 걸다

전화가 울리다

전화를 받다

통화중이다

전화를 잘못 걸다

전화를 바꿔 주다

전화를 끊다

약속 시간을 정하다

약속 장소를 정하다

약속을 취소하다

영화시간을 확인하다

영화표를 사다

영화를 보다

утсаар харилцхад хэрэгэгдэх харилцан яриа 전화표현

여보세요	Байна уу?
거기 ~ (이)지요?	энэ(тэр газар) -биз дээ?
전데요.	Би байна.
~씨 좀 바꿔 주세요.	(тэрэнтэй) яриулж өгөөч.
~씨 전화 왔어요.	(тэр) утасдаж байна.
~씨 전화 받으세요.	утсаа аваарай.
지금 안 계세요.	Яг одоо гэртээ байхгү й байна.
잠깐만 기다리세요.	Түр хүлээгээрэй.
다시 전화할게요.	Дахиад утастнаа.
안녕히 계세요. (전화 끊을 때)	Баяртай.(утсаа таслах үед)

ХАРИЛЦАН ЯРИА 대화

같이 영화를 볼까요? Хамт кино үзэх үү?

바트: 여보세요? Байна уу?
유진: 여보세요? Байна уу?
바트: 유진 씨, 저 바트예요. Юүжинь, би Батаа байна.
유진: 아, 바트 씨, 무슨 일이에요? Аан, Батаа ямар хэргээр утасдаж байгаа юм бэ?
바트: 유진 씨, 내일 시간 있어요? Юүжинь маргааш чи завтай юу?
유진: 네, 시간 있어요. Тийм , завтай
바트: 그러면 우리 같이 영화를 볼까요?
Тэгвэл хоёулаа хамт кино үзэх үү?
유진: 좋아요. 같이 영화를 봅시다.
몇 시에 만날까요?
Болж байна. хамт кино үзэцгээе.

바트: 2시 어때요? 2 цагт болох уу?
유진: 네. 좋아요.
그러면 내일 2시에 학교 앞 영화관에서 만납시다.
тийм, болж байна.
바트: 네. 유진 씨, 내일 봐요. за, Юүжинь, маргааш уулзая.

어휘 및 표현

내일	маргааш	몇 시	хэдэн цаг
시간	цаг	N 어때요?	N ямар вэ?
우리	бид,хоёулаа	무슨 일이에요?	ямар ажиллаар? / ямар хэргээр?
같이	хамт		

덤

영화관 이용 예절

영화관에서 영화를 볼 때도 지켜야 할 예절이 있습니다. 영화관 이용 예절을 함께 알아볼까요?

첫째, 핸드폰은 진동으로 바꾸거나 전원을 끄세요.
둘째, 사진을 찍지 마세요.
셋째, 앞사람의 자리를 발로 차지 마세요.
넷째, 쓰레기는 쓰레기통에 버리세요.

ДҮРЭМ 문법

1. V(으)ㄹ까요?

'–(으)ㄹ까요?' үйл үгийн араас орж харилцаж буй эсрэг этгээдийгээ үлдэл хамт хийх гэж байгаа эсхийг ямар нэгэн зорилоготойгоор асуух үед хэрэглэнэ. өмнөх үйл үгийн язгуур (үгийн үндэс)нь гийгүүлэгчээр төгсвөл(V1C1мөн C1V1C2 бүтэц) '–을까요?', г эгшгээр төгсвөл(V1 мөн C1V1) '–ㄹ까요?'. г хэрэглэнэ.

V_1C_1 또는 $C_1V_1C_2$	먹다	먹/ + 을까요?	→	먹을까요?
	앉다	앉/ + 을까요?	→	앉을까요?
	찾다	찾/ +을까요?	→	찾을까요?
V_1 또는 C_1V_1	보다	보/ + ㄹ까요?	→	볼까요?
	만나다	만나/ +ㄹ까요?	→	만날까요?
	기다리다	기다리/ +ㄹ까요?	→	기다릴까요?

2. V(으)ㅂ시다.

'–(으)ㅂ시다' нь үйл үгийн араас орж харилцаж буй эсрэг этгээдийнхээ үлдэлхамт хийцгээе санал тавин уриалах үед хэрэглэнэ. өмнөх үйл үгийн язгуур (үгийн үндэс)нь гийгүүлэгчээр төгсвөл(V1C1 мөнC1V1C2 бүтэц) '–읍시다' г эгшгээр төгсвөл(V1 мөн C1V1) '–ㅂ시다' г хэрэглэнэ.

V_1C_1 또는 $C_1V_1C_2$	읽다	읽/ + 읍시다	→	읽읍시다
	받다	받/ + 읍시다	→	받읍시다
	잡다	잡/ +읍시다	→	잡읍시다
V_1 또는 C_1V_1	타다	타/ + ㅂ시다	→	탑시다
	배우다	배우/+ ㅂ시다	→	배웁시다
	마시다	마시/ +ㅂ시다	→	마십시다

예

- 유진: 우리 버스를 탈까요?
  Хоёулаа автобусанд суух уу?
  바트: 좋아요. 버스를 탑시다.
  Тэгэс автобусанд сууцгаая.

- 바트: 내일 같이 해운대에 갈까요?
  Маргааш Хэүндээ явах уу?
  유진: 미안해요. 내일은 시간이 없어요. 다음에 갑시다.
  Уучлаарай. маргааш завгүй. Дараа уулзая

- 유진: 점심을 같이 먹읍시다.
  바트: 네, 좋아요.

- 바트: 오늘 3시에 만납시다.
  유진: 3시에는 수업이 있어요. 4시 어때요?

ДҮРМИЙН ДАВТЛАГА 문법 연습 ❼

1. 다음을 바꿔 쓰세요.

① 가요 ⇨ 갈까요?
② 만나요 ⇨
③ 먹어요 ⇨
④ 봐요 ⇨
⑤ 읽어요 ⇨

2. 다음을 바꿔 쓰세요.

① 가요 ⇨ 갑시다.
② 만나요 ⇨
③ 먹어요 ⇨
④ 봐요 ⇨
⑤ 읽어요 ⇨

3. 다음 그림을 보고 대화를 완성하세요.

① 가 : 배가 고파요.
나 : 식당에 갈까요 ?
가 : 네. 식당에 갑시다.

② 가 : 내일 시험이 있어요.
나 : ____________ ?
가 : 네, 도서관에서 공부합시다.

③ 가 : 피곤해요.
나 : ____________ ?
가 : 네, 의자에 앉읍시다.

ШИНЭ ҮГ & ДҮРСЛЭЛ 어휘 & 표현 ❼

1. 다음은 전화 대화입니다. 【보기】에서 알맞은 문장을 골라 보세요.

> **보기**
> ① 거기 바트 씨 집이지요?
> ② 다시 전화할게요.
> ③ 바트 씨 좀 바꿔 주세요.

가 : 여보세요, ____________________

나 : 네, 맞아요.

가 : ____________________

나 : 지금 안 계세요.

가 : 그럼, ____________________

안녕히 계세요.

2. 다음 단어 다음에 올 수 <u>없는</u> 것을 고르세요.

① 버스를 ☐ 타다 ☑ 내리다 ☐ 기다리다

② 전화를 ☐ 울리다 ☐ 걸다 ☐ 끊다

③ 약속을 ☐ 누르다 ☐ 정하다 ☐ 취소하다

Амралтын өдөрийн төлөвлөгөө

제8과 주말활동

зурагт толь бичиг 그림사전

명사	нэр үг
낚시	цаг агаар
노래	дуу
등산	ууланд авиралт
빨래	угаалгau
사진	зураг
설거지	аяга угаах
쇼핑	дэлгүүр хэсэх
여행	аялал
음악	хөгжим
주말	7 хоногийн эцэс
주중	хоногийн дундуур
찜질방	сауна
청소	цэвэрлэгээ
춤	бүжиг
평일	ажлийн өдрүүд

동사	үйл үг
듣다	сонсох
읽다	унших

표현	илэрхийлэл
노래를 부르다	дуу дуулах
사진을 찍다	зураг дарах
춤을 추다	бүжиг бүжиглэх

책을 읽다

음악을 듣다

영화를 보다

등산을 하다

노래를 부르다

사진을 찍다

춤을 추다

여행을 가다

낚시를 하다

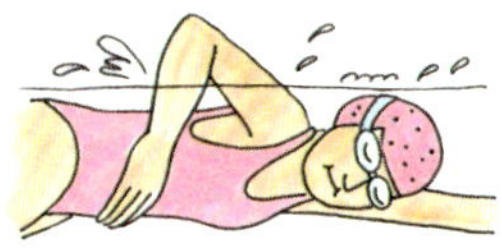

운동을 하다

컴퓨터 게임을 하다

쇼핑을 하다

찜질방에 가다

요리를 하다

설거지를 하다

청소를 하다

빨래를 하다

Ажлын өдрүүд ба амралтын өдөр 평일과 주말

요일	월요일	화요일	수요일	목요일	금요일	토요일	일요일
	Даваа	Мягмар	Лхагва	П?рэв	Баасан	бямба	ням
	주중(평일) ǀ 7 хоногийн дундуур(ажлын өдрүүд)					주말 ǀ амралтын өдөр	

ХАРИЛЦАН ЯРИА 대화

주말에 뭐 해요? Амралтын өдөрөөр юу хийх вэ?

유진: 바트 씨, 이번 주말에 뭐 해요? Батаа чи амралтын өдөрөөр юу хийх вэ?
바트: 토요일에 남포동에 갈 거예요. Хагас сайн өдөр Нампудун явах байх.
유진: 남포동에서 무엇을 할 거예요? Нампудунд юу хийх юм бэ?
바트: 내일부터 남포동에서 국제영화제가 열려요.
Маргааш Нампудунд Олон улсын кино наадам болно.
그래서 남포동에서 영화를 볼 거예요.
Тэгээд Нампудунд кино үзнэ.
유진 씨는 주말에 뭐 할 거예요?
Юүжинь чи амралтын өдөрөөр юу хийх вэ?
유진: 저는 이번 주말에 해운대에 갈 거예요.
Би энэ амралтын өдөр Хэүндээ явна.
해운대에서 바다를 구경할 거예요.
그리고 사진을 많이 찍을 거예요.
Хэүндээрүү далай үзэх байх. Тэгээд зураг их авхуулах байх.

어휘 및 표현

이번	энэ удаа	바다	далай
뭐(=무엇을)	юу	구경하다	сонирхож үзэх
남포동	Нампудун	사진	зураг
국제영화제	лон улсын кино наадам	사진을 찍다	зураг дарах
열리다	нээгдэх	많이	их
그래서	тиймээс	이번 N	энэ удаа N
해운대	Хэүндээ	N부터	N аас (эхлэн)

덤

부산국제영화제

매년 10월 부산 남포동과 해운대 등에서는 부산국제영화제(PIFF: Pusan International Film Festival)가 열립니다. 부산국제영화제는 1996년에 처음 시작하여 지금은 아시아 최고의 영화제가 되었습니다. 매년 부산국제영화제 기간에는 전 세계 영화감독과 영화배우, 그리고 영화를 사랑하는 많은 사람들이 부산을 찾고 있습니다.

ДҮРЭМ 문법

1. V · A(으)ㄹ 거예요

'-(으)ㄹ 거예요' үйл үг болон тэмдэг нэрийн язгуур (үгийн үндэс) дээр залган ирээдүй цагийг илэрхийлдэг. 3-р биеийн эзэн биетэй хээглэх тохиолдолд, таамаглах утгыг агуулж байдаг. үйл үг болон тэмдэг нэрийн язгуур (үгийн үндэс)нь гийгүүлэгчээр төгсвөл (V1C1 мөн C1V1C2 бүтэц) '–을 거예요'. г эгшгээр төгсвөл (V1 мөн C1V1) '–ㄹ 거예요' г хэрэглэнэ.

V_1C_1 또는 $C_1V_1C_2$	입다	입 +을 거예요	→	입을 거예요
	많다	많 +을 거예요	→	많을 거예요
V_1 또는 C_1V_1	오다	오 +ㄹ 거예요	→	올 거예요
	예쁘다	예쁘 +ㄹ 거예요	→	예쁠 거예요

예

- 저는 오늘 저녁에 불고기를 먹을 거예요. (미래)
  Би өнөөдөр орой пулгуги иднэ. (ирээдүйцаг)
- 내일 부산에 비가 올 거예요. (미래)
  Маргааш бороо орно.(ирээдүйцаг)
- 지금 서울에 눈이 올 거예요. (추측)
  Сөүлд бороо орж байгаа байх. (таамаг)Одоо
- 주말에 해운대에 사람이 많을 거예요. (추측)
  Амралтын өдөр Хэүндээд хүн их байгаа байх.

2. 안 V · A(으)ㄹ 거예요

'V(으)ㄹ 거예요' үгүйсгэх хэлбэр нь '안 V(으)ㄹ 거예요' юм. Зөвхөн 'N+하다' хэлбэрийг авсан '하다' үйл үгийн тохиолдолд, үгүйсгэх хэлбэр нь 'N 안 V(으) ㄹ 거예요' г хэрэглэнэ.

동사 (үйл үг)	긍정문 (идвэхтэй өгүүлбэр)	부정무 (үгүйсгэх өгүүлбэр)
가다 (явах)	갈 거예요 (явна)	안 갈 거예요 (явахгүй)
작다 (жижиг)	작을 거예요 (жижиг байх)	안 작을 거예요 (жижиг байх)
깨끗하다 (цэвэрхэн)	깨끗할 거예요 (цэвэрхэн байх)	안 깨끗할 거예요 (цэвэр биш байх)
※요리하다 (хоол хийх)	요리할 거예요 (хоол хийнэ)	요리 안 할 거예요 (хоол хийхгүй)

예

- 방학에 집에 안 살 거예요.
- 오늘 밤에는 인터넷을 안 할 거예요.
- 이번 겨울에는 부산에 눈이 안 올 거예요.
- 다음 주말에 날씨가 안 좋을 거예요.

ДҮРМИЙН ДАВТЛАГА 문법 연습 ⑧

1. 다음과 같이 하세요.

	어 제	오 늘	내 일
① 가다	갔어요	가요	갈 거예요
② 읽다		읽어요	
③ 하다		해요	
④ 먹다		먹어요	
⑤ 입다		입어요	
⑥ 사다		사요	

2. 다음의 대화를 완성하세요.

① 가 : 월요일에 운동을 할 거예요?
나 : 아니요, 월요일에 운동을 안 할 거예요.

② 가 : 토요일에 찜질방에 갈 거예요?
나 : 아니요, ______________.

③ 가 : 일요일에 등산을 할 거예요?
나 : 아니요, ______________.

④ 가 : 수요일에 청소를 할 거예요?
나 : 아니요, ______________.

ШИНЭ ҮГ & ДҮРСЛЭЛ 어휘 & 표현 ❽

1. 다음과 같이 하세요.

① 일 – 이 – (삼) – 사 – (　　) – 육 – 칠 – (　　) – (　　)

② (　　) – (　　) – 내일

③ 하나 – 둘 – (　　) – (　　) – 다섯 – 여섯 – (　　) – (　　)

④ 일요일 – 월요일 – 화요일 – (　　) – 목요일 – (　　) – (　　)

2. 다음의 대화를 완성하세요.

① 가 : 이번 주말에 무엇을 할 거예요?
나 : 책을 읽을 거예요.

② 가 : 이번 주말에 무엇을 할 거예요?
나 : ____________________.

③ 가 : 이번 주말에 무엇을 할 거예요?
나 : ____________________.

④ 가 : 이번 주말에 무엇을 할 거예요?
나 : ____________________.

Эмнэлэг явах

제9과 병원가기

зурагт толь бичиг 그림사전

명사	нэр үг
감기	ханиад
기침	ханилга
머리	толгой
멍	бэртэлий н
몸살	тариалан
발	хөл
밴드	бент
붕대	боолт
약	эм
열	халуун
접수	бүртгэл
주사	тариа
진찰	эмчийн үзлэг
처방전	эмийн жор
체온	биеийн халуун
피	цус

동사	үйл үг
감다	аних
다치다	гэмтэх
바르다	түрхэх
받다	авах
붙이다	наах
삐다	мултлах
재다	хэмжихr

형용사	тэмдэг нэр
아프다	өвдөх

표현	илэрхийлэл
감기에 걸리다	ханиад хүрэх
멍이 들다	хөхрөх
몸살이 나다	тариалан тусах
약을 짓다	эм найруулах
열이 나다	халуурах
주사를 맞다	тариулах
피가 나다	цус гарах

접수를 하다

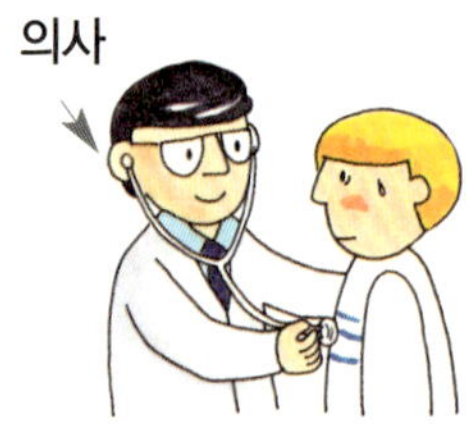

진찰을 받다

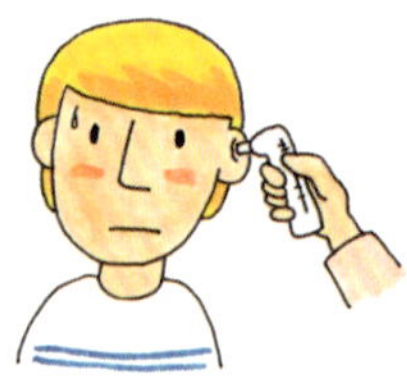
체온을 재다

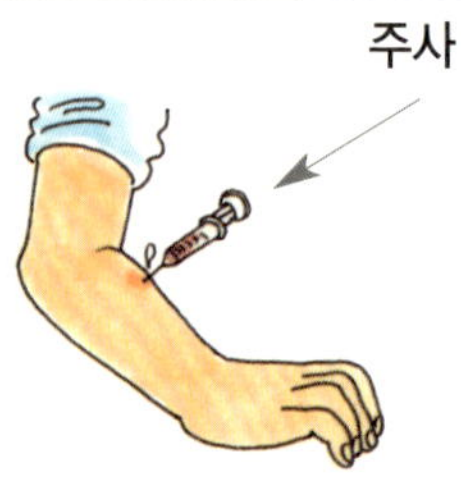

주사를 맞다

처방전을 받다

약을 짓다

머리가 아프다

몸살이 나다

다리를 다치다

피가 나다

감기에 걸리다

기침을 하다

콧물이 나다

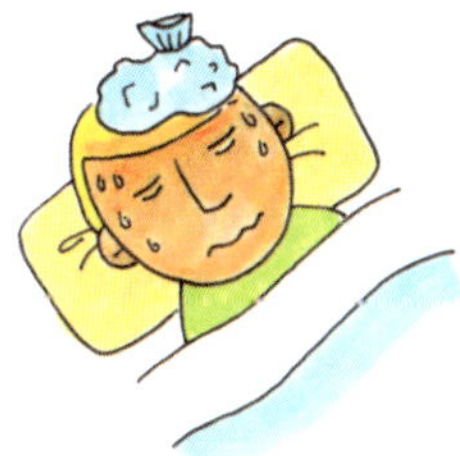

열이 나다

멍이 들다

발을 삐다

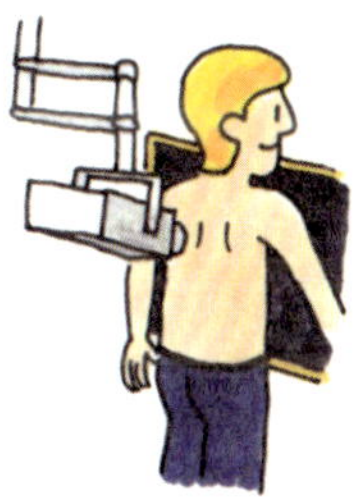

엑스레이를 찍다

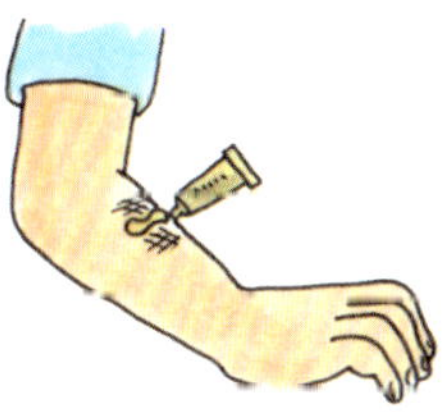

약을 바르다

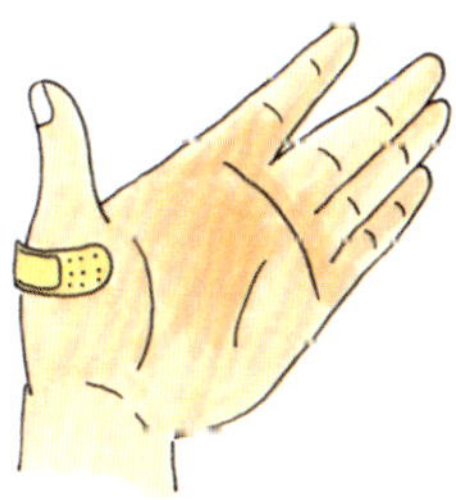

밴드를 붙이다

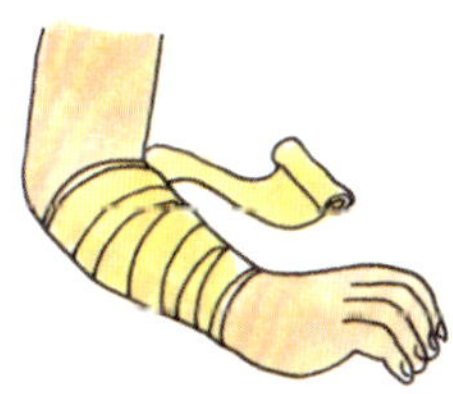

붕대를 감다

ХАРИЛЦАН ЯРИА 대화

배가 아프고 열이 나요. Гэдэс өвдөөд бас халуурч байна.

간호사: 바트 씨, 1번 방으로 들어가세요. Батаа ,1-р өрөөнд ороорой.

의사: 어떻게 오셨어요? За юу өвдөж байна?.

바트: 배가 아프고 열이 나요. Гэдэс өвдөөд бас халуурч байна.

의사: 배가 어떻게 아파요? гэдэс нь тэгээд яаж өвдөж байна?

바트: 소화가 잘 안 되고 설사를 해요.

Гэдэс базлаад гүйлгээд байгаа.

의사: 언제부터 아팠어요? Хэзээнээс ингэж өвдсөн бэ?.

바트: 어제 밤부터 아팠어요. Өчигдөрөөс эхэлж өвдсөн.

의사: 오늘은 매운 음식을 먹지 말고 죽을 드세요.

Өчигдрөөс халуун ногоотой хоол

идэлгүй будааны зутан идээрэй.

그리고 이 약은 하루에 세 번 식후에 드세요.

бас энэ эмийн өдөрт 3 удаа хоолны дараа уугаарай.

어휘 및 표현

1번	1удаа	설사(를) 하다	гүйлгэх
방	өрөө	~지 말다	бүү/битгий хий
들어가다	орох	죽	будааны зутан
매운	халуун ногоотой	하루	нэг өдөр
소화	гэдэс дотор	식후	хоолны дараа
소화가 안 되다	гэдэс эвгүйрэх	어떻게 오셨어요?	за юу өвдсөн бэ?

덤

한의원

한국에는 한의원이라고 하는 병원이 있습니다. 한의원에서는 한국의 전통적인 치료법으로 환자를 치료합니다. 한의원은 서양식 병원과는 달리 칼과 기계를 사용하지 않고, 주로 한약과 침을 이용하여 치료를 합니다. 최근에는 자연친화적 치료법에 매력을 느낀 외국인들이 한의원을 많이 찾고 있다고 합니다.

ДҮРЭМ 문법

1. V · A고

1) V·A고 (나열)

'-고'는 үйл үг юм уу эсвэл тэмдэг нэрэн дээр залган 2 төрлийн бодит байдлын ижил тэгш хэмжээнд зэрэгцүүлэх үүрэгтэй.

예

- 오늘은 비가 와요. 그리고 바람이 불어요.
  өнөөдөр бороо орно. бас салхи салхилана.
  → 오늘은 비가 오/고 바람이 불어요.
  өнөөдөр бороо орж салхи салхилана.
- 형은 대학생이에요. 그리고 동생은 고등학생이에요.
  ах нь оюутан. бас дүү нь ахлах ангийн сурагч.
  → 형은 대학생이/고 동생은 고등학생이에요.
  ах нь оюутан, дүү нь ахлах ангийн сурагч.
- 바트 씨는 공부를 잘해요. 그리고 운동을 잘해요.
  Бат хичээл сайн хийдэг. бас биеийн тамирдаа сайн.
  → 바트 씨는 공부를 잘하/고 운동을 잘해요.
  Бат хичээл сайн хийдэг бөгөөд биеийн тамирдаа сайн.
- 콧물이 나요. 그리고 기침을 해요.
  → 콧물이 나/고 기침을 해요.

2) V고 (시간 순서)

'-고'는 нь үйл үгийн араас залган орж аливаа үйлдлийн дараалалыг бас илтгэж болдог. энэ үед тухайн үйлүүдийн эзэн бие нь нэг л эзэн бие байх шаардлагатай.

예

- 저는 밥을 먹어요. 그리고 그 후에 숙제를 해요.
  би хоол иднэ. тэгээд дараа нь даалгавараа хийнэ.
  → 저는 밥을 먹/고 숙제를 해요.
  би хоол идээд дараа нь даалгавараа хийнэ.
- 수업이 끝나요. 그리고 사무실에 오세요.
  хичээл дуусна. тэгээд оффессруу ирнэ.
  → 수업이 끝나/고 사무실에 오세요.
  хичээл дуусаад оффессруу ирнэ.
- 먼저 숙제를 합시다. 그리고 텔레비전을 봅시다.
  эхлээд даалгавараа хийцгээе. тэгээд телевиз үзэцгээе.
  → 먼저 숙제를 하/고 텔레비전을 봅시다.
  эхлээд даалгавараа хийгээд телевиз үзэцгээе.
- 약을 바르세요. 그리고 밴드를 붙이세요.
  → 약을 바르/고 밴드를 붙이세요.

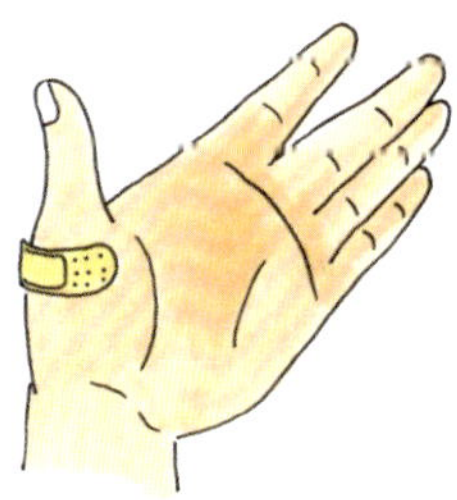

ДҮРМИЙН ДАВТЛАГА 문법 연습 ❾

1. 다음 문장을 완성하세요.

① 오늘은 비가 와요. 그리고 바람이 불어요.

⇨ 오늘은 비가 오고 바람이 불어요.

② 바트 씨는 몽골 사람이에요. 그리고 유진 씨는 한국 사람이에요.

⇨ ____________________

③ 피가 나요. 그리고 멍이 들었어요.

⇨ ____________________

④ 바트 씨는 춤을 춰요. 그리고 유진 씨는 노래를 불러요.

⇨ ____________________

2. 다음 표를 보고 바트 씨의 하루 일과를 쓰세요.

7:00	아침을 먹다
9:00	학교에 가다
10:00~12:00	한국어 수업을 듣다
12:00	점심을 먹다
1:00	도서관에서 책을 읽다
5:00	집에 돌아가다

① 바트 씨는 아침을 먹고 학교에 가요.

② 한국어 수업을 ____________________

③ 점심을 ____________________

④ 도서관에 책을 읽고 ____________________

ШИНЭ ҮГ & ДҮРСЛЭЛ 어휘 & 표현 ⑨

1. 관계있는 단어를 연결하세요.

① 머리가	㉠ 걸리다
② 열이	㉡ 아프다
③ 감기에	㉢ 다치다
④ 다리를	㉣ 하다
⑤ 기침을	㉤ 나다

2. 다음 그림을 보고, 알맞은 동사를 고르세요.

① 기침을 하다 / 나다

② 콧물이 하다 / 나다

③ 열이 하다 / 나나

④ 피가 하다 / 나다

цайны газарлуу явах

제10과 식당가기

зурагт толь бичиг 그림사전

명사	нэр үг
그릇	аяга таваг
나이프	хутага
메뉴판	хоолны цэс
배	гэдэс
숟가락	халбага
음식	хоол
접시	таваг
젓가락	савх
컵	шинжтэй аяга
포크	сэрээ

동사	үйл үг
계산하다	to get the check
시키다	захиалах
주문하다	захиалах

형용사	тэмдэг нэр
달다	чихэртэй
맛없다	амтгүй
맛있다	амттай
맵다	халуун ногоотой
시다	гашуун
싱겁다	давсгүй
쓰다	исгэлэн
짜다	шорвог

표현	илэрхийлэл
배가 고프다	гэдэс өлсөж байна
배가 부르다	гэдэс цатгалан байна

배가 고프다

배가 부르다

메뉴판을 보다

음식을 고르다

음식을 시키다 = 주문하다

계산하다

맛있다

맛없다

Хоолны амт 음식의 맛

Хоол идэх хэрэгслэлийн нэр 식사도구 이름

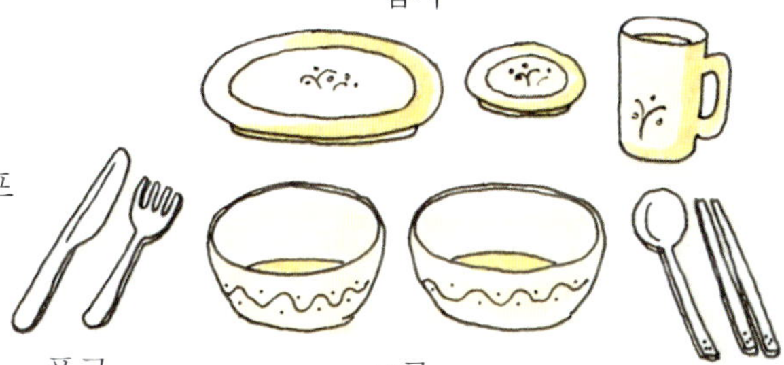

хэрэглэх харилцан яриа 유용한 표현

어서 오세요.	тавтай морилоно уу?
이쪽으로 오세요.	ийшээ морилоно уу?
뭐 드시겠습니까?	юу зооглох вэ?
음식 값은 선불입니다.	хоолны төлбөрийг урдчилан хийнэ.
제가 한 턱 낼게요.	би дайлая.
반찬 좀 더 주세요.	хачир жоохон нэмээд өгөөч.
몇 분이세요?	хэдэн хүн бэ?

ХАРИЛЦАН ЯРИА 대화

삼겹살을 먹고 싶어요. Сангёбсал идмээр байна.

유진: 바트 씨, 저녁 먹었어요? Батаа оройн хоолоо идсэн үү?

바트: 아니요. 아직 안 먹었어요. үгүй, одоохондоо идээгүй байгаа.

유진: 그러면, 같이 저녁을 먹을까요? Тэгвэл, хамт оройн хоол идэх үү?

바트: 네, 좋아요. 학교 근처 식당에 갑시다.

За тэгэе. сургуулийн ойролцоо гуанзруу явая.

〈식당에서〉 〈гуанзанд〉

유진: 바트 씨, 뭐 먹고 싶어요?

Батаа чи юу идмээр байна?

바트: 저는 삼겹살을 먹고 싶어요. 유진 씨는요?

би Сангёбсал идмээр байна. Юүжиньаа харин чи?

유진: 저도 삼겹살을 먹고 싶어요. 우리 밥도 먹을까요?

Би ч бас Сангёбсал идмээр байна. хоёулаа бас будаа идэх үү?

바트: 좋아요. болж байна.

유진: 여기요! 삼겹살 이 인분하고 밥 두 공기 주세요.

Хөөе ! энд сагёбсал нэг бүтэн поорц бас 2 аяга будаа өгөөрөй.

어휘 및 표현

아직	одоохондоо/арай	인분	нэг хүний поорц
같이	хамт	공기	будааны аяга
근처	ойролцоо	N1하고 N2	ний / ны хамт
삼겹살	сагёбсал		

덤

한국 음식

김치	비빔밥	불고기	삼계탕	된장찌개

дүрэм 문법

1. V고 싶다

'–고 싶다' нь үйл үгэн дээр залган орж эзэн биеийн юу хүсэж байгааг илтгэдэг.

먹다	идэх	먹/ + 고 싶다	→	먹고 싶다	идмээр байна
살다	амьдрах	살/ + 고 싶다	→	살고 싶다	амьдармаар байн
보다	үзэх / харах	보/ + 고 싶다	→	보고 싶다	хармаар байнаа
결혼하다	гэрэх	결혼하/ + 고 싶다	→	결혼하고 싶다	гэрлэмээр байна

예

- 배가 고파요. 밥을 먹고 싶어요.
  гэдэс өлсөж байна.
  хоол дмээр байна.

- 너무 피곤해요. 쉬고 싶어요.
  их ядарч байна.
  амармаар байна.

- 오늘은 제 생일이에요. 선물을 받고 싶어요.
  өнөөдөр миний төрсөн өдөр.
  бэлэг авмаар байна.

- 바트: 이번 크리스마스에 뭐 하고 싶어요?
  유진: 친구들하고 파티를 하고 싶어요.

- 유진: 졸업하고 뭐 하고 싶어요?
  바트: 졸업하고 한국 회사에 다니고 싶어요.

ДҮРМИЙН ДАВТЛАГА 문법 연습 ⑩

1. 【보기】에서 그림에 맞는 표현을 고르세요.

보기 • 밥을 먹고 싶어요 • 쉬고 싶어요 • 선물을 받고 싶어요

① 너무 피곤해요.
쉬고 싶어요.

② 배가 고파요.
____

③ 오늘은 제 생일이에요.
____

2. 다음을 바꿔 쓰세요.

① 삼겹살을 먹어요. ⇨ 삼겹살을 먹고 싶어요.
② 책을 읽어요. ⇨ ____________
③ 버스에서 내려요. ⇨ ____________
④ 자리에 앉아요. ⇨ ____________
⑤ 운동을 해요. ⇨ ____________

ШИНЭ ҮГ & ДҮРСЛЭЛ 어휘 & 표현 ⑩

1. 다음 그림에 맞는 표현을 고르세요.

① ㉠ 짜다

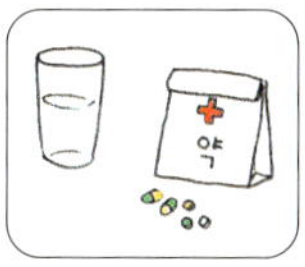

② ㉡ 맵다

③ ㉢ 시다

④ ㉣ 달다

⑤ ㉤ 쓰다

2. 그림을 보고 대화를 완성하세요.

① 가 : 무엇이 있어요?
나 : 컵하고 포크가 있어요.

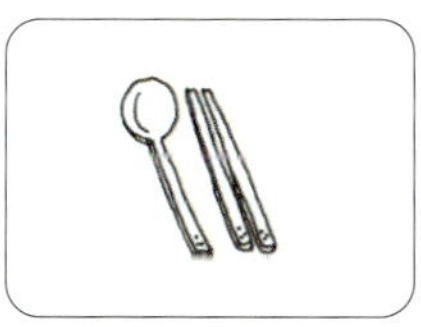

② 가 : 무엇이 있어요?
나 : ______________

③ 가 : 무엇이 있어요?
나 : ______________

бараа худалдаж авах

제11과 물건사기

зурагт толь бичиг 그림사전

명사	нэр үг
값	үнэ
길이	урт
모자	малгай
사이즈	разимер
쇼핑	дэлгүүр хэсэх
신발	гутал
옷	хувцас

동사	үйл үг
계산하다	тооцоо хийх
고르다	сонгох
교환하다	солих
구경하다	сонирхох
깎다	үнэ буулгах
들다	барих (гар цүнх)
맞다	таарах
메다	тохохl
벗다	тайлах
사인하다	гарын үсэг зурахn
쓰다	өмсөх
입다	өмсөх
입어 보다	өмсөж үзэх
환불하다	бараагаа буцаах

형용사	илэрхийлэл
길다	урт
비싸다	үнэтэй
싸다	хямд
작다	жижиг
짧다	богино
크다	том

쇼핑가다

구경하다

옷을 고르다

옷을 입어 보다

옷값을 깎다

계산하다

영수증에 사인하다

영수증을 받다

교환하다

환불하다

옷을 입다 / 벗다

모자를 쓰다 / 벗다

신발을 신다 / 벗다

가방을 들다 / 메다

값이 싸다 / 비싸다

사이즈가 크다 / 맞다 / 작다

길이가 길다 / 짧다

хэрэглэх харилцан яриа 유용한 표현

그냥 구경할게요.	зүгээр л сонирхоё
좀 깎아 주세요.	үнээ жаахан буулгаач.
입어 봐도 돼요?	өмсөж үзэж болох уу?
~ 좀 보여주세요.	~ үзүүлээч.
이걸로 주세요.	энийг авая

ХАРИЛЦАН ЯРИА 대화

이 바지 입어 봐도 돼요? энэ өмдийг өмсөж үзэж болох уу?

점원: 어서 오세요. 뭘 찾으세요? тавтай морилоно уу. юу хайж байна вэ?

바트: 바지를 사고 싶어요. өмд худалдаж авмаар байна.

점원: 이 바지 어때요? энэ өмд ямар вэ?

바트: 이 바지는 색깔이 마음에 안 들어요. 다른 색깔 있어요?

энэ өмдний өнгө нь таалагдахгүй байна . өөр өнгө бий юу?

점원: 네. 검은 색이 있어요. тийм хар өнгө байгаа.

바트: 그것 좀 보여 주세요. тэрнийгээ үзлээч.

점원: 여기 있어요. энэ байна.

바트: 입어 봐도 돼요? өмсөж үзэж болох уу?

점원: 그럼요. тэг тэг.

〈옷을 갈아입은 후〉 (хувцасыг сольж өмсөсний дараau)

점원: 마음에 들어요? таалагдаж байна уу?

바트: 네, 마음에 들어요. 이걸로 주세요.

өмд худалдаж авмаар байна.

어휘 및 표현

어서	тавтай/хурдан	주다	өгөхi
찾다	хайх	어서 오세요.	тавтай морилоно уу.
바지	өмд	뭘 찾으세요?	юу хайж байна вэ?
색깔	өнгө	마음에 들다	сэтгэлд нийцэх / таалагдах
마음	сэтгэл	그럼요.	тэгэлгүй яахав.
검은 색	хар өнгө		

덤

교환과 환불

보통 백화점에서 쇼핑을 한 후에 교환이나 환불을 하려면 구입한 날부터 7-14일 이내에 해야 합니다. 그리고 교환, 환불을 할 때는 반드시 영수증이 있어야 합니다. 가게마다 교환, 환불 조건이 다르므로, 물건을 살 때는 꼼꼼히 살펴보고 교환, 환불 기간을 확인하는 것이 좋습니다.

ДҮРЭМ 문법

1. V아/어/여도 돼요?

'–아/어/여도 돼요?' нь үйл үгэнд залган эсрэг хүнээсээ юу хийж болох эсэх зөвшөөрөл хүсэх үед хэрэглэнэ.
Үйл үгийн үндэс дээр 'ㅏ, ㅗ' байвал '-아도 돼요?' г 'ㅏ, ㅗ' аас бусад дохиолдолд '–여도 돼요?' г хэрэглэнэ.

ㅗ, ㅏ	가다 явах	가/ + 아도 돼요?	→	가도 돼요? явж болох уу?
	보다 үзэх	보/ + 아도 돼요?	→	봐도 돼요? үзэж болох уу?
	받다	받/ +아도 돼요?	→	받아도 돼요?
ㅗ, ㅏ 제외한 모음 (ㅜ, ㅓ, ㅡ, ㅣ…)	먹다 идэх	먹/ +어도 돼요?	→	먹어도 돼요? идэж болох уу?
	주다 өгөх	주/ +어도 돼요?	→	줘도 돼요? өгч болох уу?
	벗다 тайлах	벗/ +어도 돼요?	→	벗어도 돼요? тайлж болох уу?
'하다' 동사	사용하다 хэрэглэх	사용하/ + 여도 돼요?	→	사용해도 돼요? хэрэглэж болох уу?
	요리하다 хоол хийх	요리하/ + 여도 돼요?	→	요리해도 돼요? хоол хийж болох уу?
	구경하다	구경하/ + 여도 돼요?	→	구경해도 돼요?

V아/어/여도 돼요? гэж асуувал '네, V아/어/여도 돼요.' эсвэл '아니요, V(으)면 안 돼요.' гэж хариулна.

예

- 바트: 선생님, 지금 화장실에 가도 돼요? багшаа, одоо оо болох уу??
  선생님: 네, 가도 돼요. тийм,явж болно.
  아니요, 가면 안 돼요. үгүйявж болохгүй.
- 유진: 여기에서 전화해도 돼요? эндээс утасдаж болох уу?
  비드: 네, 전화해도 돼요. тийм, утасдаж болно
  아니요, 전화하면 안 돼요. үгүй утасдаж болохгүй.
- 바트: 해운대에서 수영해도 돼요?
  유진: 네, 수영해도 돼요.
- 유진: 극장에서 사진을 찍어도 돼요?
  선생님: 아니요, 극장에서 사진을 찍으면 안 돼요.

ДҮРМИЙН ДАВТЛАГА 문법 연습 ⑪

1. 【보기】에서 그림에 맞는 표현을 고르세요.

보기

① 빵을 먹다.

가 : 먹어도 돼요?

나 : 네, 먹어도 돼요.

아니요, 먹으면 안 돼요.

② 옷을 입다.

가 : ____________________

나 : ____________________

____

③ 옷을 벗다.

가 : ____________________

나 : ____________________

____

④ 사진을 보다.

가 : ____________________

나 : ____________________

____

⑤ 물을 마시다.

가 : ____________________

나 : ____________________

____

ШИНЭ ҮГ & ДҮРСЛЭЛ 어휘 & 표현 ⑪

1. 반대말을 연결하세요. 그리고 대화를 완성하세요.

① 맛없다 •	• 크다
② 짧다 •	• 싸다
③ 작다 •	• 맛있다
④ 비싸다 •	• 길다

㉠ 가 : 삼겹살이 맛있어요? 나 : 아니요, 맛없어요.

㉡ 가 : 바지가 짧아요? 나 : 아니요, ______

㉢ 가 : 옷이 커요? 나 : 아니요, ______

㉣ 가 : 모자가 비싸요? 나 : 아니요, ______

2. 【보기】에서 그림에 맞는 표현을 고르세요. 그리고 아래와 같이 활용해 보세요.

> 보기 • 쇼핑가다 • 구경하다 • 옷값을 깎다

① 쇼핑가다. ⇨ 쇼핑가요.

② ______ ⇨ ______

③ ______ ⇨ ______

Хүндэтгэлийн үгс

제12과 높임말

зурагт толь бичиг 그림사전

명사	нэр үг
나이	нас
댁	өргөө гэр
밥	хоол
생신	мэндэлсэн өдөр
생일	төрсөн өдөр
연세	нас сүүдэр)
진지	зоог
집	гэр

동사	үйл үг
계시다	байх
드리다	өргөн барих
드시다	зооглох
말씀하시다	айлдах
잡수시다	зооглох
주무시다	нойрсох

형용사	илэрхийлэл
편찮으시다	чилээрхэх

나이가 몇 살이에요?

나이

연세가 어떻게 되세요?

연세

밥

진지

집이 어디예요?

집

댁이 어디세요?

댁

생일

생신

먹다

있다

자다

드시다 / 잡수시다

계시다

주무시다

말하다

아프다

주다

말씀하시다

편찮으시다

드리다

ХАРИЛЦАН ЯРИА 대화

다음 주 월요일은 어머니 생신이에요.

Дараа 7 хоноггийн даваа гаригт ээжийн төрсөн өдөр.

우리 가족은 아버지, 어머니, 형, 그리고 저 이렇게 모두 4명이에요.

Манай гэр бүл,аав ээж ах тэгээд би бүгд 4үүлээ.

아버지하고 어머니께서는 몽골에 계세요. Аав ээж хоёр Монголоос байгаа.

아버지께서는 회사에 다니세요. Аав кампанид ажилдаг.

어머니께서는 선생님이세요. Ээж багш.

형은 미국에 있어요. 미국에서 대학교에 다녀요.

Ах америкад байгаа. амеркад дээд сургуульд явдаг.

다음 주 월요일은 어머니 생신이에요.

Дараа 7 хоноггийн даваа гаригт ээжийн төрсөн өдөр.

저는 어머니께 선물을 드리고 싶어요.
인삼을 살 거예요.

Би бэлэг өгмөөр байна. хүн орхоодой худалдаж авах байх.

어휘 및 표현

가족	гэр бүл	생신	мэндэлсэн өдөр
어머니	ээж	선물	бэлэг
아버지	аав	드리다	өргөн барих
형	ах	인삼	хүн орхоодой
이렇게	ингээд	N에 다니다	нд, д явдаг(байнга)
모두	бүгд		
회사	кампани		

덤

반말

한국어에는 웃어른에게 사용하는 높임말도 있지만, 아주 친한 친구에게 사용하는 반말도 있습니다. 예를 들어, 나이가 같은 친한 친구에게는 "어디에 가요?" 대신 "어디에 가?", "많이 드세요." 대신 "많이 먹어.", "집에 갑시다." 대신 "집에 가자." 등 반말을 사용할 수 있습니다.
이름을 부를 때도 "OO 씨!"가 아니라 "OO아!" 또는 "OO야!"로 불러야 합니다.

ДҮРЭМ 문법

1. N께서 V · A(으)세요 / N께서 V · A(으)십니다

'–께서 –(으)세요'는 '–이/가 –아/어/여요'. нь хүндэтгэлийн үг юм. тухайн өгүүлбэрийн эзэн биеийг хүндэтгэх обьектод хүндэтгэлийн дагавар болох '–이/가' ний оронд '–께서 г хэрэглэж, өгөлүүбэрийн төгсгөлийн хэлбэр нь '–(으)세요' хэлбэрээр бичигдэнэ. '–(으)세요'нь дүрмийн бус хэлбэр бөгөөд дүрмийн хэлбэрээр'(으)십니다'. гэж хэрэглэдэг. зөвхөн '있다, 먹다, 자다' гэсэн үг байх тохиолдол '계시다, 드시다/잡수시다, 주무시다' гэсэн үйл үгс байх тохиолдолд үг нь үндсээрэ өөрчлөгддөг.

동사	비격식체 높임말	격식체 높임말
읽다 (унших)	읽으세요 (уншаарай)	읽으십니다 (уншина)
보다 (харах / үзэх)	보세요 (хараарай)	보십니다 (харна)
크다 (өндөр)	크세요 (өндөр)	크십니다 (өндөр)
※있다 (байх)	계세요 (байгаарай)	계십니다 (байна)
※먹다 (идэх)	드세요 / 잡수세요 (зооглоорой)	드십니다 (зооглоно)
※자다 (унтах)	주무세요 (нойрсоорой)	주무십니다 (нойрсоно)

예
- 아버지께서 신문을 읽으세요 / 읽으십니다. аав уншиж байна.
- 어머니께서 텔레비전을 보세요 / 보십니다. ээж телевиз үзэж байна.
- 선생님께서 키가 크세요 / 크십니다. багш өндөр.
- 할아버지께서 방에서 주무세요 / 주무십니다. өвөө нойрсож байна.

2. 명사 높임말

солонгос хэлэнд зарим нэг нэр үгэнд хүндэтгэлийн хэлбэр бий.

명사 нэр үг	높임말 хүндэтгэлийн хэлбэр
집 (гэр)	댁 (өргөө гэр)
밥 (хоол)	진지 (зоог)
생일 (төрсөн өдөр)	생신 (мэндэлсэн өдөр)
나이 (нас)	연세 (нас сүүдэр)

예
- 선생님께서 댁에 안 계세요. багш гэртээ байхгүй юм уу?
- 아버지께서 진지를 드세요. аав хоолоо идээрэй.
- 할머니께서 연세가 많으세요.

ДҮРМИЙН ДАВТЛАГА 문법 연습 ⑫

1. 알맞은 말을 고르세요.

① 할아버지께서 병원에 (가요. / 가세요.)

② 친구는 학교에서 한국어를 (공부해요. / 공부하세요.)

③ 동생은 책을 (읽어요. / 읽으세요.)

④ 아버지께서 회사에 (다녀요. / 다니세요.)

⑤ 어머니께서 텔레비전을 (봐요. / 보세요.)

2. 알맞은 말을 쓰세요.

	현재 : ~(으)세요	과거 : ~(으)셨어요
가다	가세요	가셨어요
오다		
읽다		
앉다		
공부하다		

ШИНЭ ҮГ & ДҮРСЛЭЛ 어휘 & 표현 ⑫

1. 【보기】에서 단어를 연결하고 쓰세요.

보기		
먹다	말하다	주다
있다	편찮으시다	드리다
주무시다	드시다	계시다
말씀하시다	자다	아프다

① 먹다 / 드시다

② ______

③ ______

④ ______

⑤ ______

⑥ ______

2. 【보기】에서 단어를 연결하고 쓰세요.

보기	
나이	밥
집	연세
진지	생신
생일	댁

① 나이 / 연세

② ______

③ ______

④ ______

신나라
부경 한국어

마두금 전설
Морин хуурын домог

Морин хуурын домог

마두금 전설

Монголын зүүн хязгаарт "Намжил" гэдэг залуу малчин а мьдарч байжээ. Тэр залуу цэрэгт татагдаж монголын баруун хязгаарт хувиарлагджээ.

옛날 몽골 동쪽에는 '남질' 이라고 하는 청년이 살고 있었습니다. 어느 날 그 청년은 군에 소집되어 몽골 서쪽 변방에서 군 생활을 하게 되었습니다.

Түүний хоолой нь маш уянгалаг учраас дуулахад нь Морьтой хүн мориноосоо бууж сонсдог Явган хүн сууж сонсдог байсан гэдэг.

그의 목소리는 매우 감미로워서 그가 노래를 부를 때면 길을 가던 사람도 발걸음을 멈추고 말을 타고 가던 사람은 말에서 내려 그의 노래를 들었습니다.

Тэр нутгийн хүмүүс нь түүнийг хоолойны уянгалаг сайхныг нь бишірч, шагшин магтдаг байсан бөгөөд хөхөөний хоолойтой адилхан гээд "хөхөө Намжил" гэдэг болжээ.

그 지방의 사람들은 모두 그의 아름다운 목소리에 탄복하여 그를 '뻐꾸기 남질' 이라고 불렀습니다.

Захирагч нь түүнд бэлтгэл сургуулилтын оронд зөвхөн дуу дуулуулдаг байв.

남질의 군대 상관도 그에게 무예를 연마시키는 대신 오직 노래만 부르게 할 정도였습니다.

Тэр цэрэгт байхдаа тэр нутгийн үзэсгэлэнтэй гүнжийг мэддэг болж, бие биедээ хайртай болжээ.

서쪽 지방에서 군 생활을 하던 남질은 그 지방의 아름다운 공주와 만나 서로 사랑에 빠지게 되었습니다.

"Хөхөө Намжил" цэргийн албаа дуусгаад нутаг руугаа буцах болох үед Гүнж нь түүнд нисдэг морь бэлэглэсэн гэдэг.

그러던 어느 날 '뻐꾸기 남질' 이 군 생활을 마치고 고향으로 돌아가게 되었을 때, 공주는 그에게 하늘을 나는 천마를 선물했습니다.

"Хөхөө Намжил" шөнө болгон морио унан Баруун хязгаар руу нисэж хайртай гүнжтэйгээ уулзаад өглөө болоход зүүн хязгаартаа ирээд адуугаа хураагаад гэртээ ирдэг байжээ.

남질은 밤마다 그 말을 타고 서쪽 변방으로 날아가서 공주와 만나고, 아침이면 다시 집으로 돌아왔습니다.

Түүний нисдэг морины ер бусын хүчийг 3 жилийн турш хэн ч мэдсэнгүй,

3년 동안 아무도 그의 천마가 가지고 있는 신비한 능력을 알지 못했습니다.

Гэтэл нэгэн баян айлын хорон муу сэтгэлтэй охин морины нууцыг мэдээд үгүй хийх арга саам боджээ.

그런데 시기심이 많은 한 부잣집 딸이 천마의 비밀을 알아차렸고 그 여인은 천마를 없애버릴 궁리를 하기 시작했습니다.

Нэгэн өдөр Намжил хайртай гүнжтэйгээ уулзаад үүрээр эргэж ирээд амарч байх завсрыг нь ашиглан Хорон санаат хүүхэн морио уясан газар нь сэмхэн ирээд Жонон хар морины гайхамшигт далавчийг нь хайчилж орхижээ.

어느 날, 여느 때와 다름없이 남질은 사랑하는 공주를 만나고 새벽에 돌아와 쉬고 있었습니다. 시기심 많은 여인은 이때를 틈타 천마를 묶어 놓은 곳에 몰래 들어갔습니다. 그리고는 천마의 날개를 싹둑 잘라버렸습니다.

Далавчаа хайчлуулсан морь тэр даруй үхжээ.

날개를 자르자마자 천마는 죽어버렸습니다.

"Хөхөө Намжил" хайртай моринхоо үхсэн байгааг хараад маш ихээр шаналжээ.

자신이 사랑하는 말이 죽어 있는 것을 발견한 '뻐꾸기 남질' 은 슬픔에 잠겼습니다.

Тэгээд тэр жонон хар мориныхоо толгойн хэлбэрийг модоор зорж урлаад, урт хулсанд нааж, Шинээр бие хэсгийг нь хийгээд, сүүлээр нь чавхдас хийж дуу гаргадаг болжээ. Тэгээд уд модны мөчирний хоёр үзүүрийг мориныхоо сүүлээр холбож татдаг нум хийжээ.

그는 나무로 천마의 머리 모양을 만들어 긴 대에 붙였습니다. 그리고 천마의 말총에 나무 진액을 발라 현을 만들고, 버드나무 가지를 말총으로 묶어 활을 만들었습니다.

Ингэж тэр жонон хар мориныхоо янцгаадаг дуу, мориныхоо алхаа гишгээг хуураараа хөгжимддөг болсон гэдэг.

이렇게 완성한 악기에 그는 천마의 울음소리와 말 달리는 소리를 집어넣었습니다.

Түүнээс хойш Монголд морин хуур үүссэн бөгөөд энэ домгийг ярьдаг болжээ.

이것이 바로 오늘날 몽골의 마두금(馬頭琴)이라는 악기에 대한 전설입니다.

Монгол хүмүүс морин хуурыг эрхэмлэн дээдэлж, хадаг уяж Гэрт зуух руу харуулан өлгөдөг.

몽골 사람들은 마두금을 숭상해서 집의 가장 신성한 곳에 걸어 놓습니다.

Морин хуур нь зөвхөн хүн төдийгүй уул, ус, ургамал, амьтныг сэргээж өвчин зовлонг зайлуулдаг гэж үздэг.

사람들은 마두금이 사람뿐만 아니라 산과 물, 식물과 동물을 모두 소생시키고 기쁘게 하며 병을 없애 준다고 믿습니다.

Монголчууд морин хуургүй газар хэрүүл, тэмцэл ихтэй, настангууд нь уууртай, хүүхдүүд нь уйланхай болдог гэж ярьцгаадаг.

그래서 마두금이 없는 곳에는 다툼이 많고 어른들은 짜증을 내며 아이들은 울어댄다고 합니다.

신나라

부경 한국어

연습문제_정답

Дасгал асуулт_зөв хариулт

연습문제 정답 Дасгал асуулт_зөв хариулт

1과

문법연습

1. ① 이것은 사진이에요 ② 이것은 지도예요
   ③ 이 사람은 회사원이에요 ④ 이 사람은 의사예요

2. ① 그것은 책상이 아니에요
   ② 그것은 의자가 아니에요
   ③ 그 사람은 학생이 아니에요
   ④ 그 사람은 친구가 아니에요

3. ① 의사가 아니에요. 학생이에요
   ② 선생님이 아니에요. 가수예요

어휘 & 표현

1. ② 지도 ③ 여권 ④ 책

2. ① 이름이 뭐예요? ② 어디에서 왔어요?
   ③ 어디에 살아요? ④ 만나서 반가워요.

2과

문법연습

1. ② 가 ③ 를 ④ 은 ⑤ 을

2. ② 저것이 ③ 이것이 ④ 그것이

어휘 & 표현

1. ② 책(X) ③ 휴대폰(O) ④ 전자사전(O)
   ⑤ 교통카드(X) ⑥ 창문(O) ⑦ 휴지(X) ⑧ 문(O)

2. ① 손 ② 입 ③ 눈 ④ 팔꿈치 ⑤ 다리

3. ① 어디 ② 뭐

3과

문법연습

1. ② 수강 신청을 해요. ③ 도서관에 와요.
   ④ 저는 학생이에요. ⑤ 이것은 책이 아니에요.

2. ② 공부 안 해요. 밥을 먹어요.
   ③ 입학 안 해요. 졸업해요.
   ④ 숙제를 안 내요. 성적표를 받아요.

어휘 & 표현

1. ① 입학을 – 하다 ② 학비를 – 내다
   ③ 시험을 – 보다 ④ 동아리에 – 들다

2. ② 학교 ③ 사무실 ④ 식당 ⑤ 은행 ⑥ 교실

4과

문법연습

1. ② 한 병 ③ 네 잔 ④ 열 개
   ⑤ 다섯 마리 ⑥ 여덟 대

2. ② 시, 이십칠 ③ 백팔십 ④ 칠십

3. ② 서른 ③ 열다섯 ④ 여섯

어휘 & 표현

1. ② 이천구년 유월 육일이에요
   ③ 이천육년 십이월 십사일이에요
   ④ 이천십년 시월 십일이에요

2. ① 유월, 구월, 시월 ② 둘, 셋, 여섯, 여덟

3. ① 몇 월 며칠이에요? ② 언제예요?
   ③ 무엇을 해요?

5과

문법연습

1. ② 공부했어요 ③ 마셨어요 ④ 배웠어요
   ⑤ 먹었어요 ⑥ 웃었어요

2. ② 친구를 만났어요 ③ 인터넷을 했어요

어휘 & 표현

1. ② 세수를 하다 ③ 샤워를 하다
   ④ 인터넷을 하다 ⑤ 친구를 만나다 ⑥ 이를 닦다

2. ② 1일부터 4일까지 비가 왔어요
   ③ 아침부터 밤까지 공부를 했어요

6과

문법연습

1. ② 기다리세요 ③ 타세요 ④ 앉으세요 ⑤ 잡으세요

2. ② 기다리지 마세요 ③ 타지 마세요
   ④ 앉지 마세요 ⑤ 잡지 마세요

3. ② 읽으세요
   ④ 영어로 말하지 마세요 ⑤ 책을 보지 마세요

어휘 & 표현

1. ② 줄을 서다 ③ 버스를 타다
   ④ 버스에서 내리다 ⑤ 벨을 누르다

연습문제 정답 Дасгал асуулт_зөв хариулт

7과

문법연습

1. ② 만날까요? ③ 먹을까요? ④ 볼까요? ⑤ 읽을까요?

2. ② 만납시다 ③ 먹읍시다 ④ 봅시다 ⑤ 읽읍시다

3. ② 공부할까요? ③ 의자에 앉을까요?

어휘 & 표현

1. ① 거기 바트 씨 집이지요? ② 바트 씨 좀 바꿔 주세요.
   ③ 다시 전화할게요.

2. ② 울리다 ③ 누르다

8과

문법연습

1. ② 읽었어요, 읽을 거예요 ③ 했어요, 할 거예요
   ④ 먹었어요, 먹을 거예요
   ⑤ 입었어요, 입을 거예요 ⑥ 샀어요, 살 거예요

2. ② 토요일에 찜질방에 안 갈 거예요
   ③ 일요일에 등산을 안 할 거예요
   ④ 수요일에 청소를 안 할 거예요

어휘 & 표현

1. ① 오, 팔, 구 ② 어제, 오늘 ③ 셋, 넷, 일곱, 여덟
   ④ 수요일, 금요일, 토요일

2. ② 사진을 찍을 거예요 ③ 빨래를 할 거예요
   ④ 여행을 갈 거예요

9과

문법연습

1. ② 바트 씨는 몽골 사람이고 유진 씨는 한국 사람이에요
   ③ 피가 나고 멍이 들었어요
   ④ 바트 씨는 춤을 추고 유진 씨는 노래를 불러요

2. ② 듣고 점심을 먹어요
   ③ 점심을 먹고 도서관에서 책을 읽어요
   ④ 집에 돌아가요

어휘 & 표현

1. ② – ㉤ ③ – ㉠ ④ – ㉢ ⑤ – ㉣

2. ② 나다 ③ 나다 ④ 나다

10과

문법연습

1. ② 밥을 먹고 싶어요 ③ 선물을 받고 싶어요

2. ② 책을 읽고 싶어요 ③ 버스에서 내리고 싶어요
   ④ 자리에 앉고 싶어요 ⑤ 운동을 하고 싶어요

어휘 & 표현

1. ② – ㉤ ③ – ㉣ ④ – ㉢ ⑤ – ㉠

2. ② 젓가락하고 숟가락이 있어요
   ③ 그릇하고 접시가 있어요

11과

문법연습

1. ② 옷을 입어도 돼요? 네, 입어도 돼요. 아니요,
   입으면 안 돼요.
   ③ 옷을 벗어도 돼요? 네, 벗어도 돼요. 아니요,
   벗으면 안 돼요.
   ④ 사진을 봐도 돼요? 네, 봐도 돼요. 아니요,
   보면 안 돼요.
   ⑤ 물을 마셔도 돼요? 네, 마셔도 돼요. 아니요,
   마시면 안 돼요.

어휘 & 표현

1. 짧다 – 길다, 작다 – 크다, 비싸다 – 싸다
   ② 길어요 ③ 작아요 ④ 싸요

2. ② 옷값을 깎다 →옷값을 깎아요
   ③ 구경하다 → 구경해요

12과

문법연습

1. ① 가세요 ② 공부해요 ③ 읽어요
   ④ 다니세요 ⑤ 보세요

2. ② 오세요, 오셨어요 ③ 읽으세요, 읽으셨어요
   ④ 앉으세요, 앉으셨어요
   ⑤ 공부하세요, 공부하셨어요

어휘 & 표현

1. ② 말하다 / 말씀하시다 ③ 주다 / 드리다
   ④ 있다 / 계시다 ⑤ 아프다 / 편찮으시다
   ⑥ 자다 / 주무시다

2. ② 밥 / 진지 ③ 집 / 댁 ④ 생일 / 생신

신나라 부경한국어 | Mongolian

발행일 | 2011년 2월 10일
지은이 | 채영희
삽 화 | 김민표 (하늘디자인 · 기획)
발행처 | 부경대학교 출판부

디자인 · 제작 | 하늘디자인 · 기획 051)611-3969

인 쇄 | 우성정판인쇄소
제 본 | 선우제본

가 격 | 14,000원